Johannes H. Schultz

Hypnose-Technik

D1727427

Johannes Heinrich Schultz

Hypnose-Technik

Praktische Anleitung zum Hypnotisieren für Ärzte

9., bearbeitete und ergänzte Auflage
von Gerd Iversen mit einem Erfahrungsbericht
aus dem Bereich der Rehabilitationsmedizin
von Wolf-Rainer Krause

SEMPER · BONIS ARTIBUS

Gustav-Fischer Verlag
Stuttgart · Jena · New York · 1994

Adressen der Bearbeiter:

Dr. med. G. Iversen
Am Ihlsee 25 b
23795 Bad Segeberg

Dr. med. W.-R. Krause
Chefarzt der Psychiatrischen
Abteilung
Kreiskrankenhaus
Thiestr. 7–10
38889 Blankenburg/Harz

Die Deutsche Bibliothek – CIP-Einheitsaufnahme

Schultz, Johannes H.:
Hypnose-Technik : praktische Anleitung zum Hypnotisieren für
Ärzte / Johannes Heinrich Schultz. – 9. Aufl. / bearb. und erg.
von Gerd Iversen mit einem Erfahrungsbericht aus dem Bereich
der Rehabilitationsmedizin von Wolf-Rainer Krause. – Stuttgart
  Jena ; New York : G. Fischer, 1994
    ISBN 3-437-11531-6
NE: Iversen, Gerd [Bearb.]

Satz: Typobauer, Ostfildern
Druck: Gulde-Druck, Tübingen
Gedruckt auf 100 gr. Gardapatt
Einband: F.W. Held, Rottenburg am Neckar
Printed in Germany

IV

Leitgedanken

Das seit geraumer Zeit wieder angewachsene Interesse an der Heilhypnose führte in den letzten Jahren auch dazu, daß recht verschiedene Bücher zur Nutzung hypnosuggestiver Konzepte in der Psychotherapie anregten. Entsprechende Literaturverzeichnisse könnten wie Dokumentationen einer Entwicklung wirken, in der umfangreiche *praktische Erfahrungen* recht zahlreichen *wissenschaftlichen Untersuchungen* annähernd die Waage halten. Daneben gibt es aber leider eine «Fülle unkritischer Literatur» (H. Kleinsorge, 1) und schließlich «technische Hilfen, wie Hypnose-Brillen für die Augenfixation oder die elektronische Steuerung für die Stimmstärke des Therapeuten». Dergleichen muß ein so überdurchschnittlich erfahrener Arzt und Hypnotherapeut wie Hellmuth Kleinsorge – neben der «besonderen Beleuchtung des Behandlungsraumes» fast ebenso kritisch sehen wie die – allerdings noch weit bedenklicheren – Schaustellungen!

Demgegenüber kann die von Johann Heinrich Schultz abgefaßte «*praktische* Anleitung zum Hypnotisieren für Ärzte» auch heute noch als *Klassiker* der von ihm sorgfältig dargestellten *Hypnose-Technik* gelten. Nachdrücklich betonte der Verfasser im Vorwort zur 3. Auflage (1952), «daß ‹daneben› und ‹darüber› oder ‹dahinter› jede ärztliche Allgemeinausbildung in spezieller (analytischer) Psychotherapie so weit wie möglich anzustreben ist»!

Diese Forderung muß 10 Jahre nach der von Reinhard Lohmann überarbeiteten 8. Auflage der Hypnose-Technik deshalb besonders unterstrichen werden, weil in den zahlreichen Modifikationen hypnosuggestiver Psychotherapiekonzepte *therapieentscheidende* Neuerungen nicht zu erkennen sind. Das gilt auch für verschiedene Vorgehensweisen bei den von Schultz ausdrücklich anerkannten Bemühungen von Milton H. Erickson, der als ein talentierter und einfallsreicher amerikanischer Psychiater und Hypnotherapeut sicher Beachtung verdient. (2)

Bei aufmerksamer Lektüre der Darstellung von J.H. Schultz wird besonders die *große Sorgfalt und Konzentration* deutlich, die in jedem Fall von einem psychotherapeutisch tätigen Arzt zu verlangen ist, wenn er nach gründlichen differentialdiagnostischen und -therapeutischen Überlegungen die Hypnose nutzen will. Dem Mentor und Altmeister der Psychotherapie, dem wir die Selbst-Hypnose des autogenen Trainings verdanken, ging es um weit mehr als um «zudeckende» Suggestionen. Beharrlich forderte er eine generelle «Psychologisierung des Arztens». – Die große Bedeutung von (seelischen) Selbstheilungskräften, die im Patienten häufig unter «Krusten» schlummern oder gar (ver-)kümmern, war nämlich Schultz vertraut. Sie zu mobilisieren, setzt beim Arzt viel Geduld voraus und beim Patienten – trotz anfangs möglicher Skepsis – ein Mindestmaß an Vertrauen und die Bereitschaft zur Kooperation. Diese ist gewiß nicht durch direktive Anweisungen zu erreichen. Hilfreich ist eine ärztliche Haltung, die J.H. Schultz vor Jahrzehnten verbindlich charakterisiert hat: als *«verantwortlich abwartender Begleiter»* möge sich der psychotherapeutisch tätige Arzt verstehen, vergleichbar einem Gärtner, der dem Wachstum einer Pflanze Hinderliches aus dem Wege räumt.

Damit sind schon Modalitäten *einer notwendigen Aufklärung* des Ratsuchenden umschrieben, ebenso die Bedingungen des Abschlusses einer Hypnotherapie. «Der Wachpsychotherapie bleibt stets die führende Rolle», betonte Schultz!

Mit hypnosuggestiven Psychotherapiekonzepten ist sowohl eine wirksame Ergänzung (i.S. von Vorbereitung oder Absicherung) der Gesamtpsychotherapie möglich als auch eine Kombination mit dieser (z.B. i.S. der «gestuften Aktivhypnose», Kretschmer)! In keinem Falle ist mit Hypnose etwa ein «Patentrezept» gemeint. Das gilt ebenso für die Heterohypnose wie für die Vermittlung der Autohypnose, die als «autogenes Training» weite Verbreitung gefunden hat!

Wo Ratsuchende vergeblich (vielleicht sogar mit übergroßer Erwartung) auf den Erfolg einer Hypnotherapie hoffen, gilt es zunächst, die Hinderungsgründe sorgfältig zu sondieren. Neben dem allgemein bekannten «Vorurteil» nannte Schultz unter dem «Widerstand unserer Patienten» die ziemlich weit verbreiteten «mehr allgemeinen und – mindestens scheinbar – der Sache geltenden Oppositionen und Unsicherheiten»; allerdings auch «Besonderheiten» der Ratsuchenden, die ggf. in «typologischen Eigenheiten ihre Grundlage haben» können.

Bekanntlich unterschied S. Freud einen Widerstand aus dem *«Es»* von dem aus dem *«Über-Ich»* stammenden und von Widerständen aus dem *«Ich»*: Verdrängung, Übertragung, Krankheitsgewinn! Dergleichen spielt bei hypnosuggestiven Therapiekonzepten eine ebenso große Rolle wie z.B. in der analytischen Psychologie. Hierzu schrieb C.G. Jung einmal, «daß die *Schwäche des bewußten Standpunktes* proportional zu der *Stärke des Widerstandes* ist»!

Der «bewußte Standpunkt» mag dem Ratsuchenden, der ja an einer Besserung seiner Symptomatik interessiert ist, durchaus «sachlich» erscheinen; neutral ist er keinesfalls, sondern immer subjektiv! Das gilt ebenso bezüglich der vermuteten auslösenden *Ursachen* – von Magen- oder Kreuzschmerzen, Herz- oder Unterleibsbeschwerden – wie bezüglich der *Einwirkungsmöglichkeiten.* J.H. Schultz sah in hypnotherapeutischen Erfolgen geradezu «den Beweis, daß *psychische Bewirkung so weit reicht wie die lebendige Funktion»* überhaupt! Die prinzipielle Möglichkeit einer – in allen Arealen unserer Leibseele-Einheit denkbaren – «psychischen Bedingtheit» erlösche erst, «wenn partieller Tod eingetreten ist». Erstaunlich bleibt, daß trotz zahlreicher wissenschaftlicher Publikationen, auf die Schultz schon in den 20er und 30er Jahren hingewiesen hat, das Gros der – naturwissenschaftlich erzogenen(!) – Ärzte gegenüber den Möglichkeiten einer «psychischen Bewirkung» skeptisch blieb. Als erklärendes Handicap bietet sich das *monokausal-lineare Denken* an, mit dem offenbar schon das Nachvollziehen der Funktion eines biologischen «Regelkreises» schwierig sein kann.

Im 18. Jahrhundert wurde James Watt bei seiner Arbeit an den Plänen für die Dampfmaschine vorgehalten, seine Idee sei nicht zu verwirklichen; die Steuerung der Dampfzufuhr sei nur von außen möglich, durch einen Bedienungsmann etwa. – Kritisch resümierte hierzu P. Watzlawick (3):

«Bekanntlich löste Watt das Problem dadurch, daß er die Bewegung des Kolbens selbst mittels des Schiebers in den Dienst der Öffnung und Schließung der Dampfeinlässe stellte. Heute scheint uns diese Lösung selbstverständlich, handelt es sich dabei doch um eine ganz frühe Anwendung des heute alltäglichen Prinzips der Selbstregulierung, nämlich einer Rückkoppelung von Wirkung auf ihre eigene Ursache in Form einer kreisförmigen Kausalität. Dem streng deterministischen, linearen Kausalitätsdenken jener Epoche war es anscheinend unfaßbar, daß eine Wirkung ihre eigene Ursache beeinflussen und damit einen Mechanismus herstellen kann, dem gewissermaßen ‹intelligentes› Verhalten nicht abzusprechen ist. Noch überraschendere Anwendung fand dieses Prinzip in Watts Erfindung des Fliehkraftreglers, der die Drehzahl und Leistung der Maschine auch bei wechselnder Belastung konstant hält.»

Noch immer wird offenbar die Rückwirkung von einer Wirkung auf ihre eigene Ursache weithin unterschätzt. Das gilt zweifellos auch für die psychischen Verursachungen von ganz konkreten somatischen Wirkungen. Als Modell hierfür kann der «somatisierte Konflikt» gelten. Deshalb ist es jetzt überfällig, daß wir **kybernetische Steuerungen und systemimmanente Regulationen** auch bei der Beurteilung menschlicher Kommunikation berücksichtigen.

Diesem wichtigen Fragenkomplex ein eigenes Kapitel zu widmen, mußte sich Schultz in seiner *Hypnose-Technik* versagen. Auch jetzt mußte auf Ergänzungen verzichtet werden – mit einer Ausnahme: Im Hinblick auf die Entwicklung der Rehabilitationsmedizin und die in den letzten Jahren durch Rechtsverordnungen geregelten «Reha»-Maßnahmen ist der «Hypnose-Technik» in dieser Auflage ein knapp gefaßter Erfahrungsbericht von W.-R. Krause angefügt: Hypnose und autogenes Training (Selbsthypnose) in der Rehabilitation.

Diese Ergänzung erschien uns deshalb indiziert, weil mit hypnosuggestiven Behandlungskonzepten therapeutische Wirkungen auch noch in Reha-Verfahren erreichbar sind, wenn diese während der vorangegangenen stationären (oder ambulanten) Behandlung nicht zu erwarten waren.

Zwischen Patient und Arzt

entsteht außer der mental-bewußten Beziehung auch eine emotional-unbewußte Kommunikation. Diese kann ebenso förderlich sein wie hinderlich. Das müssen wir uns sowohl in bezug auf die positiven Wirkungs- und Verwendungsmöglichkeiten der Hypnose klarmachen – wie auch bei einem möglichen Ausbleiben der Wirkungen. Mißerfolge sind mit dem Etikett «Widerstand» ja noch nicht aufgeklärt. Dieser kann durch ganz unterschiedliche Ursachen begründet sein, die es ggf. herauszufinden gilt. Das wäre u. U. bei einer zusätzlichen tiefenpsychologisch fundierten Psychotherapie möglich.

Festzuhalten bleibt jedenfalls, daß *jede* Beeinflussung des *psycho-neuro-vegetativen Regelkreises* mit dem «Situationskreis» korrespondiert. Dabei bezeichnen die Begriffe «Merken» und «Wirken» zunächst nur die rezeptorische und effektorische Aktivität lebender Systeme und haben noch nichts mit *bewußtem* Wahrnehmen und Wollen zu tun. (4)

Die «rezeptorische Sphäre» wie auch die «effektorische Sphäre» hängen nicht nur – durch das Merkvermögen und die Auswirkungen – mit dem Individuum zusammen; auch die Umgebung ist in das Bedingungs- resp. Beziehungsgefüge impliziert (Problemsituation und -lösung). Wenn wir unter Krankheit mit v. Uexküll et al. «eine ungelöste Problemsituation oder deren Folgen auf einer, mehreren oder allen Ebenen des hierarchischen Systems» (4) verstehen, wird deutlich, daß wir auf verschiedenen «Ebenen» Möglichkeiten zu einer Mobilisierung von Selbstheilungskräften quasi «entbinden» können.

Damit ist das *«katalytische Prinzip»* in der allgemeinen Psychotherapie und insbesondere in den hypnosuggestiven Konzepten angesprochen!

In Abgrenzung gegenüber gängigen Vorstellungen in der Automobilindustrie sei vorsorglich an den Ursprung und damit an die Bedeutung des griechischen Wortes «katalyein» erinnert: auslösen, lösen, auflösen; d. h. eben an Entbinden oder Freisetzen und das *Möglichwerden einer Reaktion* denken!

Die «Katalysatoren» (ein therapeutisches Konzept also ebenso – wie dessen Vermittler) unterliegen – so L. R. Wolberg – «den Variablen der Persönlichkeit des Therapeuten (!) und der Reaktion des Patienten» (5). Das *Potential der Selbstheilungskräfte* wird durch die von Schultz dargestellte Kasuistik (aus verschiedenen Indikationsgebieten) anschaulich, manchmal fast drastisch und unglaublich deutlich. Wir unterschätzen es offenbar – im Wissen um medikamentöse, apparative und operative Maßnahmen – manchmal sogar unter Mißachtung des Grundsatzes «Primum nil nocere»!

Allerdings: Auch mit hypnotischen Eingriffen sind durchaus unerwünschte Nebenwirkungen möglich. Schultz hat 1922 aus gutem Grund Ergebnisse einer Sammelforschung veröffentlicht: *Gesundheitsschädigungen nach Hypnose* (2. Aufl. 1954). Sie akzentuieren die Notwendigkeit der vom Verfasser immer wieder angemahnten «sauberen Methodik und klaren Indikation für Hypnose und autogenes Training»!

Bei aufmerksamen, d. h. auch konstruktiv-kritischem Durcharbeiten des Textes der vorangegangenen Auflagen, schienen einige Absätze allenfalls noch historisches Interesse zu verdienen. Auf diese wurde unter gewissenhafter Abwägung des Pro und Kontra ebenso verzichtet wie auf Passagen, die zugunsten einer gewissen Straffung des Inhaltes entbehrlich erschienen.

Speziell Interessierte könnten sich über weitere Aspekte hypno-suggestiver

Therapiekonzepte kundig machen durch Nutzung des von R. Lohmann mit der 7. Auflage 1979 erstellten Literaturverzeichnisses mit 128 Quellenhinweisen, wie es auch in der 8. Auflage wiedergegeben wurde. Schließlich findet sich ein weiteres Literaturverzeichnis mit 65 einschlägigen Quellenhinweisen in dem 1992 erschienenen «Leitfaden für die ärztliche Weiterbildung» von E. Schäfgen: «Hypnosetherapie». Hier soll deshalb – zur Vermeidung von Wiederholungen – auf eine Erweiterung des Literaturverzeichnisses (grundsätzlich über DIMDI, Köln, möglich) verzichtet werden.

Jedoch ist auch Jahrzehnte nach der von Schultz entscheidend geförderten Renaissance der Hypnose und der von ihm inaugurierten Selbsthypnose des autogenen Trainings leider nicht überflüssig, die Feststellung meines dankbar verehrten Lehrers zu wiederholen: «Nur ein guter Seelenkenner kann ein guter Arzt sein»!

Gerd Iversen

1 H. Kleinsorge in «Die Psychotherapie zum Ende des 20. Jahrunderts im deutschsprachigen Bereich» H. 2/90 der Zeitschrift für Psychosomat. Medizin und Psychoanalyse.
2 hierzu H. Kleinsorge (a.a.O.): «Die Einbeziehung in die ärztliche Praxis führt (aber) allein schon durch deren individuelle Prägung zu Schwierigkeiten. Darüber hinaus stellen die bei uns gültigen rechtlichen Anforderungen an die Aufklärung der Patienten ein Hemmnis dar. Soll ein Patient erst erregt und verwirrt werden, ehe er die angestrebte Tiefenentspannung der Hypnose erlebt?»
3 P. Watzlawiek: «Münchhausens Zopf oder Psychotherapie und ‹Wirklichkeit› – Aufsätze und Vorträge über menschliche Probleme in systemisch-konstruktivistischer Sicht», Huber-Verlag, Bern 1988
4 Th. von Uexküll: Wissenschaftstheorie und psychosomatische Medizin, ein bio-psycho-soziales Modell» – in «Psychosomatische Medizin», 4. Aufl., 1990
5 Wolberg, L.R.: «Kurzzeit-Psychotherapie», Thieme, 1983

Vorwort

Die folgende Darstellung verfolgt *rein praktisch-technische Ziele* und strebt daneben an, bewährtes Gut aus der Zeit des alten Hypnotismus zu erhalten. Alle theoretischen Fragen, die Fachliteratur, die Stellung der Hypnose in der modernen Psychotherapie, die Auffassung der Hypnose bei Vertretern der großen psychotherapeutischen Schulen, die Theorie der Hypnose und der Suggestion, die Frage der Hypnose in forensischer, ethnologischer, experimentell- oder religionspsychologischer Hinsicht – alles dies und noch viel mehr wird mit voller Absicht nicht berührt, ebensowenig die moderne allgemeine Psychotherapie und Neurosenpsychologie an und für sich. Die Absicht des Verfassers ist,

> dem Arzt, der vor einer realen hypnotherapeutischen Aufgabe steht, mit praktischen Anregungen zur Hand zu gehen und ihm und seinen Kranken nach Möglichkeit die Enttäuschungen zu ersparen, die der Eigenweg jeder Erfahrung ohne Tradition mit sich bringt. Unerläßlich wie für alles technische Arbeiten ist persönliche Einführung durch einen sachverständigen Kollegen.

J.H. Schultz

Inhaltsverzeichnis

Seit ich 1911 im Handbuch der Therapie der Nervenkrankheiten von H. Vogt (erschienen 1916) eine «kleine Apologie» der Hypnotherapie zu geben versuchte, hat sich die Stellung der Hypnose und der Psychotherapie im ganzen grundlegend geändert... Die moderne universelle Psychotherapie ist bis in die tiefsten Fragen der menschlichen Persönlichkeit vorgedrungen; Psychoanalyse, Individualpsychologie, vitale Dialektik und analytische Psychologie haben Perspektiven eröffnet, Einblicke erschlossen, Möglichkeiten aufgetan, von denen damals nur einzelne, Auserwählte ahnen konnten. Niemand kann diese herrliche Entwicklung dankbarer begrüßen als der Facharzt, der vor 60 Jahren mit dem bescheidenen Rüstzeug der Hypnotherapie auszog; zu einer Zeit, als noch prominente Kliniker sagten, seelische Beeinflussung sei «den Schäferknechten zu überlassen», denn «auf das Gemüt wirken könne jeder Prolet».

Heraufgehoben in die Sphäre subtilster und verantwortlichster lebendiger Auseinandersetzung mit «dem anderen» ist die «Tiefen-Therapie» zugleich eine «Höhen-Therapie» geworden; gilt doch im Großen Höhe und Tiefe gleich. Verständlich, daß der jüngeren Generation die Methoden früherer Zeit manchmal rückständig und überflüssig erscheinen mögen. Die führenden Persönlichkeiten in der Psychotherapie sind ausnahmslos nicht dieser Ansicht. Sie wissen, daß nur sinngemäße Vereinigung der verschiedenen Betrachtungs- und Bewirkungsweisen je nach den Forderungen des «anderen» und seinen Möglichkeiten und Gesetzen von besonnener Erfahrung bestehen kann. Sie werden daher, so darf gehofft werden, verstehen, daß ich heute die *rein technischen Anweisungen für die Hypnose* einem größeren Leserkreis wieder zugänglich mache, um guten alten Erfahrungsbesitz griffbereit zu erhalten.

Erfordert doch gerade die Hypnose ein erhebliches Maß rein technischer Kenntnisse. Sie werden meines Erachtens am besten dadurch vermittelt, daß möglichst verschiedenartige Verfahren der Hypnotisierung in ausführlichen Originaldarstellungen herangezogen werden, wie dies auch in der erwähnten Abhandlung geschah, während alle theoretischen Fragen offenbleiben; nur einige wenige allgemeinste Hinweise auf das Wesen der Hypnose sollen als Einführung dienen, wobei eine psychologische Terminologie benutzt wird, die seelische Abläufe als «Vorstellungsgetriebe» schildert. Daß eine solche «Assoziationspsychologie» eine grobe Vereinfachung darstellt, ist nicht zu übersehen; trotz ihrer schematischen Enge erlaubt sie aber noch am ehesten, auch dem Fernstehenden eine gewisse Anschauung zu geben, die der psychologisch Geschulte leicht in größere Zusammenhänge einbauen (oder sonst wandeln) kann.

Grundtatsachen

Rein beschreibend kann gesagt werden: es gelingt durch verschiedene psychische Maßnahmen bei vielen Menschen, einen *eigenartigen Zustand psychischer Veränderung herzustellen*; diese ist charakterisiert durch eine fast unbeschränkt anmutende Herrschaft der von außen oder durch den assoziativen Mechanismus eintretenden Vorstellungen, die nach Ablauf des Zustandes vielfach zwanghaft nachwirken. Je nach der Veranlagung des Individuums und der Behandlung in diesem Zustande treten Veränderungen der Psychomotilität, Psychosensibilität oder der höheren psychischen Funktionen (Wundts «Traumbewußtsein») mehr in den Vordergrund; nach denselben Faktoren richtet sich der Grad der Erinnerungsmöglichkeit, wenn der Zustand «spontan» oder durch Einwirkung von außen beendet wird. *Äußerlich betrachtet* bietet die *Versuchsperson* (V. P.), wenn fremde Zielgebungen vermieden werden, den *Anblick eines ruhig Schlafenden.* Alle kontrollierbaren Körperfunktionen zeigen gelöste Mittelstellung, passiv angehobene Gliedmaßen fallen, wieder losgelassen, in Eigenschwere nieder (Hypotonie), die Mimik ist schläfrig-schlaff, in der Atmung zeigt sich eine relative Verlängerung der Einatmung, so daß In- und Exspirium etwa gleich lange dauern, wie im Nachtschlafe; Pulsfrequenz und Blutdruck bleiben beim Gesunden unverändert, beim Bestehen funktioneller Anomalien zeigt sich eine Tendenz zu ausgleichender Mittellage. Passives Heben des Oberlides begegnet, wie im Nachtschlaf, gelegentlich einem Widerstand, die Augenstellung, das Verhalten der Pupillen, der Sehnen- und Hautreflexe zeigt nichts Charakteristisches. Bleibt V. P. längere Zeit sich selbst überlassen, so tritt Tiefschlaf (gelegentlich mit positivem Babinski), häufiger spontanes Schwinden des Zustandes, «Erwachen» auf.

Das Innenerlebnis solcher Zustände ist oft von guten ärztlichen Selbstbeobachtern geschildert worden, so von E. Bleuler, A. Forel, O. Vogt, W. Wundt u. a. Dabei ergibt sich übereinstimmend, daß subjektiv bei Einleitung der normal verlaufenden Hypnose im Vordergrund ein ausgesprochenes Wohlgefühl steht, oft begleitet von einem «eigentümlichen Wärmegefühl». Sehr bald macht sich dann ein «gewisses Schweregefühl», besonders in den Extremitäten, bemerkbar und je nach Veranlagung der Versuchsperson zeigen sich nun bald visuelle oder akustische Vorstellungen von einer dem Wachleben unbekannten Distinktion. Bei einigen Personen ergibt sich dann, oft sehr rasch nach Einleitung der Hypnose, das charakteristische Gefühl des «Einschlafens»

3

und nach Beendigung des Zustandes im folgenden Wachzustand eine wechselnd weitgehende Amnesie. Diese Beobachtungen beweisen, daß bei psychisch Gesunden im Zustande der «physiologischen Hypnose» auch tiefen Grades keinerlei Oppressions- oder Vergewaltigungsgefühle bestehen, ebensowenig irgendwelche «nervösen Nacherscheinungen» nach Beendigung der Hypnose.

Die nächstliegende Analogie der hypnotischen Zustände ist die zu den *Schlaf-* und *Traumzuständen*; diese Ähnlichkeit hat auch in der Nomenklatur Ausdruck gefunden. So sprechen wir von «Einschläfern», «Wecken» usw. Wie ist nun der Akt des normalen Einschlafens aufgrund der Assoziationspsychologie zu beschreiben? Die Kette der erregenden Sinneseindrücke und Gedanken wird tunlichst unterbrochen, Körperbewegungen, die ihrerseits wieder Empfindungen auslösen, werden abgestellt, ja durch eine möglichst ausgiebige Erschlaffung auch der Entwicklung von Spannungs- und ähnlichen Empfindungen vorgebeugt; in den Vorstellungen tritt eine andere als die logische Ordnung hervor; Einfälle, Bilder, Klänge, Worte, bisweilen von halluzinatorischer Deutlichkeit («hypnagoge Halluzinationen») treten auf und endlich mit dem Gefühle einer gewissen Lösung eine subjektive Leere: der Schlaf.

Beim Erwachen stehen vielen Personen fragmentarische Erinnerungen an bildhaft erlebte Szenen (Träume) zur Verfügung, aber für den größeren Teil der Zeit besteht Amnesie. Es wäre aber falsch, anzunehmen, daß der Schlafende wirklich in einer absoluten Bewußtseinsleere und außer Kontakt mit der Umgebung ist[1]; nicht nur Reflexbewegungen, Abwehr von Reizen usw. geschehen ohne nachfolgende Erinnerungen, sondern auch komplizierte Handlungen sind bei normalen Schläfern auszulösen. Bekannt ist die Reaktion Schnarchender auf Anruf: die Schlaflage wird zweckmäßig geändert, das Schnarchen sistiert; ferner das viel zitierte Beispiel der gewissenhaften Mutter, deren Schlaf durch sonstige Geräusche unbeeinflußt bleibt, aber sofort durch leise Regungen des Kindes unterbrochen wird. Auch das bei entsprechendem Üben jedem Menschen mögliche Terminerwachen aus dem Nachtschlafe, das Phänomen der «Kopfuhr», stellt ein unbewußt arbeitendes Zielreagieren Schlafender dar, das mit völliger Bewußtseinsleere unvereinbar ist.

Bei vielen normal Schlafenden, wie ich mich selbst in ausgedehnten Versuchen überzeugt habe, ist es möglich, Bewegungen mit der oberen Extremität, Zunge zeigen u.dgl., besonders auch *Öffnen der Augen* ausführen zu lassen, ohne daß am nächsten Morgen oder bei bald darauf erfolgendem völligen Wecken durch energische Reize Erinnerung bestände. Seltener, aber immerhin häufig genug gelingt es auch, normal Schlafende in ein Gespräch zu verwickeln (in meinen Versuchen bei 8 von 50 psychisch gesunden, nicht fiebernden jungen Männern (Soldaten), die um 10 Uhr einschliefen und um 12, 2 und 4 Uhr beobachtet wurden). Allerdings pflegt bei Ausdehnung des Gesprächs über mehr als einige Fragen einfachster Art Erwachen mit partieller Amnesie aufzutreten; längere Gespräche tragen meist deutlich den Stempel der Inkohärenz,

---

1 Damit fällt auch dieses Unterscheidungsmerkmal zwischen «künstlichem» und «natürlichem» Schlafe fort (vgl. Vogt, Trömner, Liébeault, Forel), so daß eine prinzipielle Scheidung kaum möglich ist.

Ausführung «postsomnaler Suggestionen» erfolgte nicht.[2] Da ich es in allen diesen Fällen vermied, Suggestionen im Sinne einer Fortdauer des Schlafes zu geben, bin ich nicht sicher, ob sie zur Hypnose bzw. zur Hypnose-Erzeugung aus dem Normalschlaf gerechnet werden dürfen; sie stellen ein «partielles Wachsein» (O. Vogt) dar, das auf dem einen wie dem anderen Wege erreichbar ist, so daß die Bezeichnung mehr oder weniger Streit um Worte ist; sie scheinen mir aber beweisend dafür, daß der Hypnose ungemein ähnliche Zustände im normalen Schlafe gesunder Menschen vorkommen.

Im Halbschlaf findet sich nicht selten Katalepsie. In assoziativer Hinsicht scheint der Schlafzustand besonders charakterisiert durch das Fehlen von Zielvorstellungen[3], hierdurch wird der oben erwähnte veränderte Ablauf der Vorstellungen bedingt. Hypothetisch darf gesagt werden, daß dies eine gewisse Lockerung der sonst bestehenden assoziativen Verknüpfungen mit sich bringt, die den entsprechenden Komplexen den Charakter des «Kritiklosen» gibt. Dies tritt ja bei Traumerinnerungen sehr deutlich in Erscheinung. Eben dieses Fehlen der geregelten Verknüpfung ist wohl mit einer gewissen Gesamtminderleistung verbunden, die teleologisch der Erholung dient. Dasselbe gilt für die einfach hypnotischen Zustände, in denen nicht suggestiv eine bestimmte Richtung der Vorstellungen erstrebt wird, und ist die Grundlage der Dauerhypnosen (Wetterstrand). Bedeutsam für die Psychologie der Schlafzustände (einschließlich der Hypnose) ist noch die Überlegung, daß hier zweifellos viele Hemmungen des Wachlebens ganz aussetzen oder herabgesetzt sind; das ist nach dem Gesagten leicht verständlich, da sehr vielfach die Errichtung dieser Hemmungen und ihre Aufrechterhaltung eine erhebliche seelische Arbeit darstellt, deren Fortführung durch die damit verbundene psychische Leistung den Schlafzustand stören oder die Erholung beeinträchtigen würde.

In den erwähnten Zuständen treten daher vielfach affektbetonte Vorstellungen («die Welt der Bilder») ganz unverhüllt zutage, oft in einer Form, die dem Wachleben völlig fremd, ja unverständlich ist. Ihr Anklingen beeinflußt häufig die Stimmung des nächsten Tages. Nicht nur ziellos ungeordnet sind die Traumvorstellungen, sondern sie werden, der Außenabkehr und Innenwendung des Schlafes entsprechend, bildhaft – bis zum leibhaften Erleben. Der Träumer durchwandert dabei gewissermaßen archaische Schichten seiner inneren Welt; auch das hypnotische Selbstbeobachten läßt die gleichen «Schichtenbildungen» erkennen.[4]

Die Lockerung der assoziativen Zusammenhänge bzw. die «physiologische» Eigenart des Schlafzustandes führt häufig zu einer gewissen Isolierung der in Schlaf und Hypnose aktuellen Vorstellungen, so daß sie im Wachzustande der Versuchsperson nicht zugänglich sind; es besteht *Amnesie*. Doch kann diese auch ohne eigentlich neue Einschläferung durch geeignete Fragen

---

2 Ähnliche Versuche liegen zahlreich vor, so von Berger, Bernheim, Forel, Moll, v. Schrenck-Notzing, Vincent, Vogt.

3 Vogt und Brodmann sprechen in ähnlichem Zusammenhange 1896 von einem Bestehen «affektloser Zielvorstellung».

4 J.H. Schultz, Schichtenbildung im hypnotischen Selbsterleben (Mtschr. Psychiatr., Bd. 49, S. 137, 1920).

oder suggestive Maßnahmen (Druck auf die Stirn nach Bernheim u.a.) oft wieder behoben werden, und trotz der Unkenntnis der Versuchsperson setzen sich die in der Hypnose aktuellen Vorstellungen im Wachzustande durch, ja vielfach mit dem Gefühle des subjektiven Zwanges («posthypnotische Suggestion»), sie sind mithin für sie nicht verloren. Die V.P. selbst pflegt dann die Ausführung der aufgetragenen Handlung anders zu motivieren, da ihr ja die Kenntnis des Auftrages fehlt. Damit ist der Beginn einer *Dissoziation der Psyche* gegeben, in dem Sinne, daß bestimmte Vorstellungsgruppen sich ohne Kenntnis des Individuums selbst halten (im Experiment bis über 365 Tage, neuestens [Weitzenhoffer 1950] über 5 Jahre!) und durchsetzen, zugleich die Überleitung zur *pathologischen Hypnose*. Diese ist nach Urteil vieler Autoren (Gilles de la Tourette, Moebius, Binswanger, Hirschlaff, Marcinowski u.a.) dann gegeben, wenn in das Getriebe der experimentell gesetzten Dissoziationen andere, der pathologischen Veranlagung des Individuums entspringende Phänomene eingreifen. Dämmerzustände meist hysterischen Charakters, hysterische Anfälle, ausgesprochene und spontan einsetzende Persönlichkeitsverdoppelungen, lethargische Zustände, physiologische Tiefschlafzustände u.dgl.

Die psychischen Maßnahmen zur Herbeiführung des hypnotischen Zustandes stellen Wege zur «selbsttätigen Passivierung» dar (J.H. Schultz), die an gewisse Bedingungen gebunden sind[5]:
1. Einwilligung und
2. ausreichende Selbstverfügung der V. P.,
3. entsprechende Körperhaltung,
4. Außenreizverarmung,
5. Monotonie und Einengung auf Einzelreize,
6. innere Sammlung,
7. aufgrund 1–6 nicht selten eine gleichsam reflektorische Umschaltungsüberwältigung,
8. Automatismen und Zerfließungserlebnisse mit bildhafter Wandlung des Innenlebens.

Diese grundsätzlichen Gesichtspunkte werden bei der speziellen Darlegung der Technik näher herauszuarbeiten sein.

Wichtig ist dagegen an dieser Stelle noch ein Wort über die *«Hypnose» bei Tieren.*

W. Preyer, M. Verworn, E. Mangold, J.G. Schaefer, A. Eckstein, H. Erhard, F. Völgyesy u.a. haben die Immobilisation (Akinese) bei Tieren, z.B. plötzlich gedrehten und dann kurze Zeit schonend fixierten und vorsichtig losgelassenen Hühnern und Meerschweinchen eingehend physiologisch bearbeitet. M. Verworn konnte auch bei großhirnlosen Hühnern eine Immobilisation erzielen, zahlreiche Autoren ferner bei Reptilien, Amphibien, Gliedertieren usw. In R.W. Hoffmanns Studien zeigten durch kleine Watteringe immobilisierte Blattwanzen schon ausgesprochen individuelle Differenzen! Zur Herbeiführung der Tierhypnose wurde meist manuelle oder maschinelle plötzliche

---

5 Näheres s. besonders in meiner Darstellung des «Autogenen Trainings» (XI, Stuttgart, Thieme, 1964).

Drehung benutzt, so daß eine tonische Erregung des Lagereflexgebietes und eine Hemmung der motorischen Sphären der Großhirnrinde entsteht (Verworn). Aber bereits Mangold[6] erweitert diese Auffassung und empfiehlt folgende Einteilung:

1. Experimentelle Hypnose durch psychische Hemmung (Suggestionshypnose) beim Menschen,
   bei hochstehenden Tieren [?].
2. Experimentelle Hypnose durch mechanische Hemmung bei Säugetieren, Vögeln, Reptilien, Amphibien, bei Krebsen und Insekten.
3. Natürliche Hypnose durch biologische Reize,
   Totstellung bei Krebsen und Insekten,
   Katalepsie der Stabheuschrecken.

Erhard[7] endlich konnte «*Hühner auch in normaler Stellung mit den bei der menschlichen Hypnose üblichen Hilfen auf dreierlei Weise hypnotisieren, ohne daß irgendein Zwangsmittel angewandt wurde.* Im Dunkelzimmer wurde allmählich vor ein Huhn ein kleiner Lichtkegel geworfen; es kam dann vor, daß es diesen eine Zeitlang gebannt ansah, bis seine Muskulatur erschlaffte, es in sich zusammensank und die Augen schloß. Bei Tageslicht wurde dem Huhn der glänzende Ring der einen Hand vorgehalten, mit der anderen Hand beschattete ich seine Augen von oben her allmählich. Das Huhn sank schlafend zu Boden. Der Versuch gelang auch ohne Vorhalten des Ringes. Endlich hypnotisierte ich Hühner auf sehr eigentümliche Art durch rhythmische Bewegung. Hebt man ein Huhn, das einem auf der Hand sitzt, etwas auf und ab, so krümmt bzw. streckt es den Hals so, daß sein Kopf genau in gleicher Höhe bleibt. Wiederholte ich äußerst vorsichtig öfters die Bewegung, so sank das Huhn schließlich schlafend in der Hand zusammen. Die Hypnose war so tief, daß ich das Huhn an einem Bein hochheben und wieder niedersetzen konnte, ohne daß es aufwachte.»

«Der Unterschied dieser *echten Hypnose* von der *künstlichen tierischen Akinese* besteht darin: 1. wird kein Zwang angewandt, 2. die Stellung des Tieres ist normal, 3. die Muskulatur ist sofort *hypotonisch* und nicht erst hypertonisch, 4. die *Akinese* gelingt am besten, wenn man das Tier überrumpelt, die Hypnose, wenn man dieselbe – wie hier – unvermerkt «einschleicht», 5. die Hühner verhalten sich in *Hypnose* nicht refraktär wie bei der *Akinese*, im Gegenteil: je öfters man sie hypnotisiert, desto rascher erfolgt die Hypnose wie beim Menschen. Die Hypnose gelang wohl deshalb den früheren Autoren nicht, weil sie genau die gleiche Übung erfordert wie die Hypnose mit Hilfen beim Menschen. Ihr Wesen besteht darin, jede Ablenkung durch ein anderes Sinnesorgan zu verhindern. Bei den ersten beiden Methoden wird dabei das Auge als einziges aufmerksames Sinnesorgan gebannt und so das Tier in den Schlafzustand versetzt.»

Aus den Hundeversuchen Pawlows sind «Gleichgewichtszustände zwischen dem Erregungsprozeß und dem Hemmungsprozeß» (Ischlondsky) bekannt, die zu partiellen und allgemeinen Schlafzuständen hypnotischer Art bei den Tieren führten. Es handelte sich teils um Steigerung von Hemmungsimpulsen teils um Monotonie abgeschwächter, sonst erregender Reize («Punktreiz im Gehirn»).

Die moderne physiologische und psychologische Bearbeitung der Tierhypnose rückt mithin diese Phänomene in gewissen Erscheinungsweisen und unter

---

6 Hypnose bei Katalepsie bei Tieren (Jena, Fischer, 1914); «Abderhaldens Hdb.», Teil I, 5, 1925.
7 Hypnose bei Tieren (Gießen, Töpelmann, 1924).

bestimmten Bedingungen recht nahe an die menschliche Hypnose. Eine ernste Warnung davor, die hypnotisch-konzentrativen Grundtatsachen einseitig nur «von oben», von populär-, geistes- oder allgemeinpsychologischem Standpunkt aus zu betrachten. *Nur eine auf das Ganze, Lebendige gerichtete, eine völlig biologisch fundierte Erfassung kann bei den allgemeinen Lebensvorgängen zureichen. Und zu ihnen gehört die Umschaltung in den Nachtschlaf und in die echte Hypnose.*

Diese einheitliche Erfassung der psychischen und physischen Umstellungsvorgänge bei jeder Hypnotisierung ließ als wesentlichen Kern eine *Entspannung zum Optimum* erkennen. Schwere als Muskel-, Wärme als Gefäßentspannung, die weitgehenden Analogien des suggestiven und des nächtlichen periodischen Erholungsschlafes – alle diese Beobachtungen weisen in die gleiche Richtung und erlaubten 1920–1930, aus der Hypnose das «*autogene Training*» zu entwickeln, in dem die Versuchsperson durch schrittweise vordringende systematische, ärztlich kontrollierte *konzentrative Selbstentspannung* echte «Versenkungszustände», echte «**Autohypnosen**» darstellt. Dementsprechend **können beide Verfahren jederzeit gemischt oder kombiniert werden**, wenn dies dienlich erscheint, ohne daß ein solches Vorgehen eine besondere Terminologie erforderte. **Das autogene Training hat die gleiche Wirkungsbreite wie die Hypnose**, doch genügt in dieser lediglich praktisch-technischen Darstellung der Hypnose seine Erwähnung.[8]

Der bisher geschilderte rein hypnotische Ruhezustand der V. P. ohne zielsetzende Führung kann nun durch Anregung von außen spontan, häufiger nach einem Hinweis des Versuchsleiters (V. L.) mannigfach verändert werden. Gelegentlich, wie in der Tierakinese, etwa mit der Einstellung «der rechte Arm ist steif», treten *kataleptische Muskelspannungen* auf, die über den ganzen Körper ausgedehnt werden können, so daß V. P. nur mit Hacken und Kopf unterstützt «steif wie ein Brett» als «hypnotische Brücke» liegt (Abbildung z.B. in «Seelische Krankenbehandlung», VIII, G. Fischer Stuttgart, 1963).

Viel beschrieben sind ferner die hypnotischen Bewegungsphänomene am *Auge*. Es lassen sich am Auge *bei voll erhaltenem Urteil* der Versuchsperson eine Reihe von motorischen Phänomenen erzielen; zunächst besteht als Symptom der Schläfrigkeit ein leichtes Gefühl von Schwere im oberen Lide. Dies nimmt verschieden schnell zu und führt häufig zu dem sogenannten «reflektorischen Lidschluß», d.h. einem solchen, der sich ohne bewußtes Zutun der Versuchsperson durchsetzt, ja in sehr vielen Fällen sich – ähnlich der oben erwähnten kataleptischen Gliedstarre – so intensiv behauptet, daß die Versuchsperson, besonders bei dahingehender Suggestion, nicht in der Lage ist, die Augen «willkürlich» zu öffnen. Übrigens begegnet auch bei manchen Normalschlafenden der Versuch, die Lider passiv zu öffnen, einem ganz erheblichen spastischen Widerstande; auch der «reflektorische Lidschluß» ist ein *physiologisches* Phänomen.

---

8 Monographie: «Das autogene Training» (XI, Stuttgart, Thieme, 1964).

Durch Worte oder Bewegungssignale angeregte Drehbewegungen, etwa der Arme, laufen oft weiter (*Automatismus*), und hier, wie bei der Katalepsie, scheint sich die V. P. oft vergeblich zu bemühen, den «unwiderstehlichen Zwang» zu überwinden, wenn sie vom V. L. entsprechend angeregt wird «Ihr Arm ist ganz steif, Sie können ihn nicht bewegen». In der Tat zeigt auch der Katalepsieversuch im autogenen Training, daß bei der Mehrzahl Normaler das konzentrative Erlebnis «der Arm ist steif» ganz enorme Muskelspannungen völlig unbewußter Art mit charakteristischer myelektrischer Kurve (H. Binswanger) entstehen läßt. Aber auch der kataleptisch frei gehaltene Arm des Hypnotisierten sinkt nach längerer Zeit unter Ermüdungserscheinungen ab, wenn auch durch die allgemeine *Verdunkelung der Sinnesempfindungen*, die so leicht die Darstellung von *Hyp- und Analgesie* erlaubt, subjektiv Ermüdungsempfindungen fehlen. Allerdings sind gelegentlich auch gewisse *Sinnesempfindungen* in der Hypnose *erhöht*, besonders unter Einfluß des V. L., so daß die an und für sich vorhandene Ziellosigkeit bei gegebener Richtung in eine extreme, ablenkungslose Einseitigkeit umschlägt. Hierdurch und durch die *erlebnissteigernde Wirkung der Innenrichtung* können sich erstaunliche Mehrleistungen der Sinnesorgane, z.B. richtiges Lokalisieren einer in 3 m Entfernung auf einen Teppich fallenden Nadel, des Gedächtnisses, der intuitiven Erfassung ergeben. Das bildhaft-träumerische Erleben ist für das Aufsteigen sonst fehlender Erinnerungen ebenso förderlich wie die Hemmungsniederlegung im hypnotischen Zustand; daher ist gerade die «*hypnotische Hypermnesie*» oft besonders eindrucksvoll, wenn die Verwertung so geförderten Materials auch immer strenger Kritik bedarf, da besonders in tieferen hypnotischen Zuständen regellose Phantasiefälschungen mit der Überzeugungstreue echter Erinnerungen nicht selten sind und auch in der Hypnose gelogen wird.

Eigenart und Grad der Ausbildung aller dieser Erscheinungen hängen von Begabung und Zustand der V. P. ebenso sehr ab wie von der Technik des V. L.; so sind die Bilder im einzelnen immer sehr wechselnd. Besonders eindrucksvoll, aber praktisch-therapeutisch kaum von Interesse, sind die *großen Somnambulhypnosen in tiefem Trance*, in denen die V. P. mit wieder geöffneten Augen traumwandelnd visionäre Szenen agiert und, wie Schilder 1923 mit Recht betonte und neuere elektrenkephalographische Untersuchungen bestätigten, sich – trotz meist folgender Amnesie – dem Wachzustand wieder weitgehend nähert. Diese experimentellen Dämmerzustände haben erhebliches theoretisches und experimentelles Interesse, aber kaum praktisch ärztliche Bedeutung.

Bei der Verschiedenheit der hypnotischen Erscheinungen lag es nahe, eine *Einteilung* zu versuchen; obwohl bei diesen Klassifizierungen sicher die Methodik des Hypnotisierens und die Veranlagung der Versuchsperson eine große Rolle spielen, sollen hier die bekanntesten Versuche derart kurz erwähnt werden.
Die beste Einführung gibt die Bernheimsche Scheidung von neun Graden der Hypnose; als Haupteinteilungsprinzip benutzt er die Erinnerungsfähigkeit der Versuchsperson nach dem Wecken und trennt so zwei Hauptgruppen, die Hypnose ohne oder mit nachfolgender Amnesie, von denen die erste sechs, die zweite drei Unterabteilungen

enthält. So zerfällt die Hypnose schematisch in die folgenden neun Grade, von denen jeder folgende die vorhergehenden enthält:

1. Neigung zum Einschlafen. Schweregefühl in den Extremitäten und im Kopfe, leichte Erschwerung spontaner Bewegungen.

2. Die Augen sind mit intensivem Schwergefühl, bisweilen krampfhaft, geschlossen und können nicht willkürlich geöffnet werden.

3. «Passive Katalepsie», d.h. die Extremitäten folgen mit gleichmäßig leichter Spannung jeder erteilten Bewegung und behalten die gegebene Stellung bei («Flexibilitas cerea»), doch kann diese Muskelspannung überwunden, die Gliederstellung «spontan» geändert werden. [Andere Verwendung des Terminus *passive Katalepsie* als in unserem Arbeitskreise!]

4. Diese letztere Fähigkeit sistiert, es besteht unüberwindliche Katalepsie.

5. Es treten Sensibilitätsstörungen auf, teils Parästhesien, teils Analgesie, zugleich auf Suggestion Kontrakturen der Extremitäten.

6. Bewegungen und Handlungen werden widerstandslos ausgeführt, «Automatismus», d.h. erteilte Bewegungsimpulse, werden «mechanisch» fortgeführt («fortgesetzte Bewegungen» Dessoirs). Während bei diesen sechs Graden Rückerinnerung besteht, ist die Versuchsperson amnestisch für die folgenden drei Grade:

7. Lediglich Störung des Wiedererinnerns, Amnesie bei Bestehen von Grad 1–6.

8. Es lassen sich Halluzinationen während der Hypnose hervorrufen, die bei der Versuchsperson die entsprechende Reaktion auslösen.

9. Diese Halluzinationen haben bei dahingehender Suggestion auch nach dem Wekken Bestand (posthypnotische Halluzinationen).

Selbstverständlich handelt es sich hier, wie schon Bernheim hervorhebt, um ein Schema; es erfolgt durchaus nicht in jedem Falle diese stufenmäßige Entwicklung, besonders nicht, wenn jede dahinzielende Suggestion vermieden wird.

Der Drei-Einheit der Bernheimschen Einteilung verwandt sind die Grade von Liébault, der sechs, und Forel, der drei Stufen trennte. Forel unterscheidet:

1. Somnolenz, einen suggestiv bedingten Zustand von Schläfrigkeit mit Gliederschwere und Erschwerung, die Augen zu öffnen.

2. Hypotaxie (charme), Ausführung von Suggestionen, Katalepsie, Automatismus, oft Analgesie und Halluzinationen jedoch ohne Amnesie.

3. Somnambulismus mit denselben Erscheinungen, aber ohne Rückerinnerung beim Wachen, dagegen häufig Gelingen von *posthypnotischen* Suggestionen, bisweilen Halluzinationen.

Diesen Einteilungen gegenüber sind verschiedene Einwände erhoben, auf deren Grund viele Autoren nur zwei Grade, den der oberflächlichen und der tiefen Hypnose unterscheiden, so z.B. Crocq-Fils, Grossmann, Hirschlaff. Dabei wird der «erste Grad» als «somnambuloider» (Crocq-Fils), «status hypnoides» (Morselli), «Captivation» (M. Hirsch), «Pseudohypnose» (Hirschlaff), «Hypnoid» (Boris Sidis) vielfach, aber wohl wenig zweckmäßig, im Gegensatz zur «eigentlichen» Hypnose gesetzt, die eine «tiefe Alteration des Seelenlebens» darstellen soll (Hirschlaff).

Nach der Ausdehnung der Funktionsstörungen suchen Krafft-Ebing, Dessoir, Moll u.a. sich zu orientieren, indem sie zur ersten Gruppe solche Fälle zählen, bei denen nur die willkürlichen Bewegungen beeinflußt sind (Katalepsie, automatische Drehungen), während bei den Fällen der zweiten Gruppe auch die Funktion der Sinnesorgane (?) (Illusionen, Halluzinationen) alteriert ist. Allerdings sind diese Erscheinungen wohl ebensowenig zu einer wirklich scharfen Trennung geeignet, wie der Grad der Amnesie, gegen dessen Verwendung sich gerade Moll verwendet.

Darüber sind sich alle zitierten Autoren einig, daß diese Einteilungen künstlich, schematisch sind. Hier möchte ich mich Trömners Ansicht anschließen, daß der Zweck all dieser Abgrenzungen ja nur die praktische Übersichtlichkeit und in diesem Sinne wohl die Forelsche Dreiteilung am vorteilhaftesten ist, wobei wir die oben erwähnten Grenzzustände in das erste Stadium einbeziehen.

Des historischen Interesses wegen sei noch Charcots wohl durch unbewußte Dressur schwer Hysterischer gewonnene Einteilung erwähnt, er unterscheidet (Moll):

1. Das *kataleptische* Stadium, 2. das *lethargische* Stadium, 3. das *somnambule* Stadium.

Bedeutsam scheint die bereits von Braid gegebene, später besonders von Liébeault ausgebaute Einteilung in «aktive» und «passive» Hypnose. Unter letztere subsumieren wir die Fälle, wo das Bild der Hypnose von einer fast absoluten Schlaffheit der Muskulatur beherrscht wird; oft sinkt der Kopf, der Schwere folgend, nach unten, die Extremitäten zeigen deutliche Hypotonie; bei Versuchen zu sprechen, erfolgen nur geringe Bewegungen der Lippen, ja oft überhaupt keinerlei Reaktion; der *Rapport muß dauernd durch dahingehende Suggestionen unterstützt werden, da er* erfahrungsgemäß bei dieser Form der Hypnose *leicht verloren geht.* Tiefschlaf oder Lethargus (hypnotischer Scheintod) können sich entwickeln.

Demgegenüber zeigt die Versuchsperson in *aktiver* Hypnose zunächst keine wesentlichen Veränderungen des Muskeltonus, wenn dahingehende Suggestionen vermieden werden. Unter deren Einfluß lassen sich nun leicht alle die Erscheinungen produzieren, die von vielen Autoren als charakteristisch angesehen werden, die Katalepsie und die Automatismen.

Methodik der Hypnose

Disposition, Milieu, Vorbereitung

Die *Auswahl der geeigneten Kranken* bzw. Ratsuchenden ist ein wichtiger Punkt. **Absolute Voraussetzung** ist ein seelischer Zustand, der eine Verständigung zwischen Arzt und Patienten ermöglicht. Bildung, Alter (mit Ausnahme der ersten Kinderjahre), Nationalität und Geschlecht sind nur insoweit von Einfluß, als sie eventuell die Methodik beeinflussen.

Damit scheiden Kranke mit hochgradigem Intelligenzdefekt aus, ebenso Patienten mit Psychosen, bei denen Halluzinationen, primäre Hemmung, Affektstürme und anderes den Kontakt aufheben. Über die Funktion der «Ideoplasie» im Sinne einer schrittweisen Überführung des Wahrgenommenen in plastische Vorstellung(en) verdanken wir Durand de Gros, Forel, van Eeden und O. Vogt grundlegende Untersuchungen. Viele Patienten, die zunächst ungeeignet sind, weil sie nämlich durch Angst, Vorurteile, seelische Beeinflussung durch Angehörige oder unwissende Ärzte u.a. der hypnotischen Behandlung unfrei gegenüberstehen, sind erst durch die weiter unten zu schildernde «psychische Vorbereitung» von ihren Hemmungen zu befreien. Zu Hypnosen bci Hysterischen kann nur dem Arzte geraten werden, der größere Übung besitzt und infolgedessen in der Lage ist, irgendwelche ernsteren Erscheinungen, insbesondere Dämmerzustände, im Entstehen zu erkennen und rückgängig zu machen. Ein vereinzelter «hysterischer Anfall» dürfte bei jeder therapeutischen Beeinflussung vorkommen und stellt an und für sich keinen Grund dar, die hypnotische Behandlung zu unterlassen oder zu unterbrechen.

Als eine Gefahr, besonders wiederholter tieferer Hypnosen, wird die Entwicklung einer krankhaft gesteigerten Suggestibilität auch im Wachzustande, speziell der hypnotischen Einschläferung gegenüber, oder einer übertriebenen Neigung zur Hypnose («Hypnomanie») angegeben. Das erstere tritt nur bei Hysterischen auf, bei denen überhaupt die Hypnose besondere Vorsicht erheischt, und meistens auch nur, wenn schlechte Methoden benutzt, besonders die Kranken ungenügend psychisch vorbereitet werden; die Hypnose «Hypnomanischer» stellt in den meisten Fällen entweder eine erotische Träumerei dar, die den Arzt zum Gegenstand hat, oder das Produkt einer langen hypnotischen Dressur. Ist diese richtig geleitet, so gelingt es stets, den Patienten «abzuschütteln» und auf eigene Füße zu stellen. Ich habe beides bei einer recht ausgedehnten Anwendung der Hypnose bei eigenen Fällen nie gesehen; es mag hier auch die Indikationsstellung eine Rolle spielen, da ich, zumal bei Hysterischen, stets versuche, mit konsequenter Wachtherapie auszukommen.

Größte Zurückhaltung ist dagegen bei allen V. P. geboten, die einen Schub einer schizophrenen Erkrankung hinter sich haben oder nach ihrer Familien- oder ihrer persönlichen Vorgeschichte in dieser Richtung verdächtig erscheinen. Schwere psychotische Explosionen von oft mehrmonatlicher Dauer können unmittelbar nach einer Hypnotisierung einsetzen. Eine von mir 1923 durchgeführte Sammelforschung über «Gesundheitsschädigungen nach Hypnose» (II Marhold, Berlin) hat hierfür über meine persönlichen Erfahrungen hinaus ein sehr reiches Material ergeben. Ich erwähne einen Fall von 14 Jahre lang dauernder hysterischer Erblindung nach einer mutwillig von einem verwandten Laien vorgenommenen Hypnose; erst nachdem ein halbes Menschenalter verloren war, gelang psychotherapeutische hypnotische (!) Coupierung durch einen Facharzt.

Die zahlreichen Versuche, *Anhaltspunkte für die Hypnotisierbarkeit* zu finden, ehe man die Behandlung beginnt, sind über allgemeinste Formulierungen nicht herausgekommen; auch die Statistiken haben nur relativen Wert. Immerhin demonstrieren sie deutlich, daß mit zunehmender Sicherheit des Behandelnden der Prozentsatz der «Unempfänglichen» auf 3–6 % ja bis 0 (Bernheim, Renterghem, O. Vogt u.a.) sinken kann. Ähnliche statistische Zusammenstellungen Trömners über Lebensalter und Tiefe der Hypnose ergeben: «Kinder sind leicht, und zwar tief einzuschläfern, das mittlere Lebensalter ist mittelschwer zu hypnotisieren, und zwar entweder leicht oder mitteltief, alte Leute hingegen sind schwer zu beeinflussen, dann aber mitteltief.» Doch hängt gerade die Häufigkeit der Erzielung tiefer Hypnosen sehr von der Technik ab; bei hinreichender Geduld konnte O. Vogt in 100 % seiner Fälle tiefste Hypnose erreichen. Allerdings in einem Falle erst nach 700 Sitzungen!

Im allgemeinen tut man gut, besonders als Anfänger mit einem gewissen Prozentsatz Unbeeinflußbarer, «Refraktärer» zu rechnen. Zweckmäßig trennen wir die Fälle, die keine Suggestion annehmen, nach Bernheim in drei Hauptgruppen:

1. Absolut Refraktäre gegen jede hypnotische Beeinflussung, die larvierter Suggestion (Elektrizität, Medikation usw.) zugänglich sind.

2. Scheinbar Lenksame, die körperlich nachgeben (Katalepsie usw.), aber jeder Suggestion «durch gegenteilige Autosuggestion» widerstreben, die sich quasi nur somatisch hypnotisieren lassen.

3. Mit Amnesie tief Schlafende, die keine therapeutische Suggestion annehmen, indem sie entweder wohl in der Hypnose zeitweilig darauf eingehen, aber beim Erwachen sofort wieder rückfällig werden oder auch in der Hypnose Beschwerden psychogener Art aufrechterhalten.

In manchen Fällen gelingt es nicht, den Grund des refraktären Verhaltens zu eruieren; vielfach ist er in Imponderabilien gegeben, die bei jeder psychischen Behandlung, aber ganz besonders bei der hypnotischen von ausschlaggebender Bedeutung sein können. Daher möchte ich hier einige kurze Bemerkungen *über räumliche und zeitliche Anordnung* der Hypnose und die *Selbsterziehung des Arztes* einschieben, ohne die Bedeutung der ersten beiden allzu hoch einzuschätzen.

Nur die wenigsten Psychotherapeuten werden in der Lage Wetterstrands, O. Vogts und van Renterghems sein, über eine besonders dem hypnotischen Verfahren angepaßte Krankenabteilung zu verfügen; immerhin empfiehlt es sich, namentlich für empfindliche Kranke, entweder einen besonderen Raum oder wenigstens eine Ecke des Untersuchungs- bzw. Röntgenzimmers für die hypnotische Therapie einzurichten, d.h. dort eine sehr bequeme Sitzgelegenheit oder besser einen Diwan so zu stellen, daß die Beleuchtung leicht, ohne den Kranken zu stören, variiert werden kann. Rote Beleuchtung für Anämisch-Vasospastische, Blaubeleuchtung für Plethorisch-Kongestive kann eine gute Hilfe geben (Zbl. f. Psychother. II, 296, 1929).

Die Umgebung sei tunlichst einfarbig, die Tapete frei von Mustern; Bilder sollen nicht oder nur ganz indifferenter Art hängen. Zweckmäßig findet sich in der Nähe ein Wasserhahn mit Ausgußbecken, ferner eine langsam und tief tickende Uhr, die ohne weitere Mühe abgestellt werden kann. Es ist endlich bei der Ausstattung des Raumes darauf zu achten, daß in keiner Hinsicht unangenehme Empfindungen ausgelöst werden; Straßenlärm, üble Gerüche, Skelette, bedrohliche Instrumente u.a. sind möglichst zu verbannen. Natürlich stellen diese Anforderungen in den meisten Fällen eine Utopie dar, und die Erfahrung zahlreicher Autoren (Grassmann, Ringier, Trömner u.a.) beweist, daß alle diese Umstände wohl im einzelnen Falle erleichtern könne, aber durchaus keine conditio sine qua non für ein sehr erfolgreiches hypnotherapeutisches Arbeiten darstellen. Nahe mit der Frage der räumlichen Anordnung ist die verknüpft, ob *Einzel- oder Gruppen*-Hypnose zu bevorzugen ist. Wenn die Schwierigkeiten der Ersthypnose, die damit verbundenen Aussprachen usw. überwunden sind, kann man, wenn unvermeidbar, mehrere ruhig Schlafende in demselben Raume lassen und ihnen eventuell vorher in einem anderen Raume diskrete Suggestionen erteilen. Erholungs-Schlaf-Hypnosen können ebenso in einem gemeinschaftlichen Raume absolviert werden. Wo aber irgendwelche anderen psychotherapeutischen Maßnahmen erwägenswert sind, möchte ich Gruppenhypnosen widerraten, sowohl aus Gründen der Diskretion als der psychischen Hygiene. Ich halte die Gefahr psychischer Infektion für erheblich. Dementsprechend fehlen mir auch ausgedehntere Erfahrungen über Gruppenhypnosen. Man stelle als Anfänger nie Hypnosen ohne einen zuverlässigen Zeugen an, der eventuell im Untersuchungsraume unauffällig anwesend sein kann.

Über die günstigste *Zeit* zur Ausführung besonders von Ersthypnosen sind die Ansichten der Fachleute geteilt, von den frühen Morgenstunden größter Frische (Wetterstrand) bis zu den Zuständen physiologischer Schläfrigkeit (Brodmann), wie z.B. nach der Mittagsmahlzeit und vor dem Nachtschlafe (Farez), sind sämtliche Zeitpunkte als «besonders geeignet» empfohlen, ein sicherer Beweis, daß in dieser Hinsicht Gewohnheit, unbewußte Suggestion usw. den Ausschlag geben. Bei einer Ersthypnose sollten beide Beteiligten in der nächsten Zeit durch keinerlei Verpflichtungen gebunden sein; der Gedanke an diese kann ohne weiteres selbst Suggestible refraktär machen, z.B. in einem Falle meiner Beobachtung der Gedanke an unerledigte Schulaufgaben bei einem 12jährigen Mädchen. Auf die Frage der zeitlichen Ausdehnung der Hypnose wird bei der speziellen Technik zurückzukommen sein.

Auftreten des Arztes

Das Auftreten des Arztes ist von sehr großer Bedeutung; sicher gehört zu der ausgiebigen Beschäftigung mit Hypnose eine gewisse persönliche Veranlagung, der entsprechend dann auch die Indikationen der Hypnotherapie etwas weiter gefaßt werden; Frank spricht von gewissen «künstlerischen» Fähigkeiten, die ich in Gegensatz zu den mehr lehrhaften Neigungen anderer Psychotherapeuten setzen möchte. Zur Ausübung der modernen Hypnotherapie ist vor allem ein gewisses Anpassungsvermögen an fremde Individualitäten (ohne falsche Nachgiebigkeiten!) erforderlich, geduldige und sorgfältige, individualisierende Beobachtung, Geistesgegenwart, Selbstbeherrschung auch im Allleräußersten (Sprache, Bewegungen usw.) und vor allen Dingen innerliche Anteilnahme an den Kranken. «Mit Geduld und Konsequenz kommen wir in der psychischen Erziehung viel weiter als mit Überraschungen und faszinierender Effekthascherei» (Brodmann). Die Äußerlichkeiten, die bereits bei der Besprechung der zum Hypnotisieren vorteilhaften Räume erwähnt wurden, haben natürlich auch für die Person des Arztes Gültigkeit; von vielen Autoren wird speziell auf die Pflege der Hände Wert gelegt, eventuell leichtes Parfümieren (Brügelmann) empfohlen. Übertriebene Sorgfalt ist aber in dieser Hinsicht nicht immer vorteilhaft. Das Entscheidende ist das innere Verhältnis der Kranken zum Arzte; Voraussetzung der Hypnotherapie ist genaue Kenntnis und verständnisvolles Eingehen auch im Wachzustande. Der Hypnotherapeut soll *die gesamte Psychotherapie beherrschen* und anwenden und möglichst selbst als hypnotische V. P. gedient haben (was Pardell in USA 1952 bei 30 hypnotisierenden Psychiatern nicht ein einziges Mal feststellen konnte!); dann wird er seines Einflusses in und außer Hypnose sicher sein können, und sein Auftreten dem Patienten gegenüber wird genügen, das «suggestive Milieu» zu schaffen, dessen oft rein äußerliche Beihilfe viele Hypnotisten so angenehm empfinden.

Wie nachteilig reine Milieueinflüsse sein können, illustriert am besten eine Beobachtung von Flechsig; in seiner Klinik war, wie Brodmann angibt, die Meinung verbreitet, daß Flechsig eine elektrische Hand habe, mit der er direkt, ohne Verbalsuggestionen, Hypnosen hervorrufen könne. In der Tat fielen eine Reihe von Patienten, als Flechsig seine Hand über ihren Scheitel hielt, in einen Schlafzustand hysterisch-autosuggestiver Herkunft, aber es wurde damit ein vierwöchiger Dämmerzustand ausgelöst. Vogt konnte bei denselben Patienten nach psychischer Vorbereitung ganz normale Hypnosen erzielen.

16

Der moderne Hypnotherapeut bedarf derartiger Hilfsmittel nicht; er schafft sich das «Milieu» durch *Aufklärung* und *allgemeine Psychotherapie*. Bei den Anforderungen, die an den Hypnotisierenden gestellt werden müssen, halte ich die *Fortführung* von Hypnosen durch nichtärztliches Personal für unzulässig; höchstens kann der Hypnotisierte durch zuverlässiges Personal beobachtet werden, damit der Arzt bei irgendwelchen besonderen Erscheinungen (meist hysterischer Natur) sofort benachrichtigt wird.

Besonders zu warnen sind endlich namentlich Anfänger in der Hypnotherapie vor eigenen Autosuggestionen, unter deren Einfluß allgemeine Abgeschlagenheit, vermehrte Peristaltik, Kopfschmerzen u. a. nach Vollendung der Hypnose beim Hypnotisierenden auftreten können.

Psychische Vorbereitung des Patienten

Zweckmäßig gehen wir, abgesehen von den durch Rasse, Geschlecht, Alter, Konfession, Bildung und ähnlichen Umständen bedingten Unterschieden in verschiedener Weise vor, je nachdem, ob wir es mit einem *intelligenten* oder *unintelligenten* Patienten zu tun haben. (Trömner, Hilger, Gerster, Brodmann, Moll, Loewenfeld, Vogt, Forel u.v.a.)

Bei beiden Gruppen ist selbstverständliche Voraussetzung eine genaue Untersuchung, die je nach Lage des Falles von Spezialisten unterstützt wird. Es ist dann von großer Bedeutung, dem Kranken schonend, aber wahrheitsgemäß die *Prognose* mitzuteilen. Liegt ein «funktionelles Leiden vor, so ist die sachgemäße und ausführliche Belehrung hierüber bereits von direkt therapeutischer Bedeutung. Handelt es sich um ein zerstörend-organisches Leiden, bei dem nur mit Teilerfolgen zu rechnen ist, z.B. Tabes, so kann eine ruhige Mitteilung des Inhaltes, es handle sich um ein chronisches Leiden, dessen Beschwerden und Verlauf aber beeinflußbar seien, nie Schaden bringen; es enthebt den Hypnotherapeuten der Sorge, von anderer Seite in krasser Weise dementiert und als «kritiklos» oder «nichtsachverständig» bezeichnet zu werden, und spart auch dem Patienten diesen meist ungemein schädlichen Eindruck. Absolute Offenheit und Zuverlässigkeit auch in der kleinsten Äußerung dem Kranken gegenüber sind ein sehr wesentlich unterstützendes, vertrauenschaffendes Mittel.

Vom Patienten meist lediglich als Zeichen des Interesses aufgefaßt, für den Hypnotherapeuten von sachlicher Wichtigkeit ist eine *bis in jede Einzelheit gehende persönliche Darstellung des Lebens* und *der Beschwerden des Kranken*, die zugleich ein Bild der Persönlichkeit gibt[1]; sehr wesentlich ist ferner

---

1 Praktische *Hinweise*: «Seelische Krankenbehandlung», VIII, Stuttgart, G. Fischer, 1963, 366 S.; Kurzn: «Arzt und Neurose, II, Stuttgart, G. Thieme, 1953, 107 S.

gerade für den Hypnotherapeuten eine genaue Kenntnis der Schlafgewohnheiten und -störungen des Kranken; speziell das spontane Auftreten von schlafähnlichen Bewußtseinszuständen oder von somnambulen Zuständen ist bedeutungsvoll. Die letzteren erheischen besondere Rücksicht bei Benutzung der Hypnose, da dann mit «pathologischen Hypnosen» gerechnet werden muß.

Neben dieser allgemeinen psychischen Vorbereitung ist bei den für Hypnotherapie in Aussicht genommenen Kranken eine spezielle psychische Vorbereitung erforderlich. Die Demonstration ruhig Hypnotisierter kann gelegentlich dienlich sein; alle Experimente sind selbstverständlich in Gegenwart von «Novizen» verwerflich, sind doch gerade ihrem schädlichen Einflusse eine Reihe von «Schädigungen durch Hypnose» zuzuschreiben, wie man sie nach dem Anblick hypnotischer Schaustellungen durch Marktschreier beobachtet.

Das Hypnotisieren bereits öfters Hypnotisierter neuen Kranken zu demonstrieren, halte ich nicht für vorteilhaft, besonders nicht, wenn durch eine gewisse Übung bei den bereits Vorbehandelten die Hypnose sehr schnell eintritt. Dies erweckt leicht Befremden und die Besorgnis, ob etwas derartig «Wunderbares» bei dem Neuling möglich sei. Allerdings stehen viele Autoren hierin auf anderem Standpunkte.

Mit der Demonstration ist bereits ein Schritt in der *Aufklärung* der Kranken getan, die den Kernpunkt der speziellen Vorbehandlung darstellt. Für ihre Weiterführung möchte ich eine scharfe Trennung nach dem Grade der Intelligenz empfehlen.

Bei *Unintelligenten* genügen wenige Worte: «Sie sehen, wie ruhig die Kranken geschlafen haben, wie sie sich erholt und wie sich ihre Beschwerden gebessert haben; etwas Wunderbares ist nicht dabei. Sie sehen, daß die Kranken ihren freien Willen behalten. Diese Behandlung ist an vielen Tausenden von Menschen gemacht und hat sehr vielen geholfen. Nun gehen Sie ruhig nach Hause und überlegen Sie sich die Sache. Bei Ihrem Leiden wäre ein Versuch mit dieser Behandlung angezeigt, wenn Sie sich so behandeln lassen wollen, so teilen Sie es mir mit.» Besteht nun bei unintelligenten Leuten noch irgendein Vorurteil oder ein hemmender Affekt, besonders Angst, so ist zunächst von der Hypnose abzusehen, auch wenn der Kranke einwilligt, und die allgemeine Vorbereitung fortzusetzen bzw. eine andere Therapie anzuwenden. Vor einer *näheren* Belehrung Unintelligenter möchte ich warnen, da sie meist nur dazu führt, daß entweder mechanisch die «aufklärenden» Worte wiederholt oder in barocker Einstellung womöglich an die falsche Adresse weitergegeben werden.

Ganz anders bei *Intelligenten*. Hier möchte ich im Anschluß an L. Tuckey, van Renterghem, Becker, Brodmann, Vogt u. a. für eine möglichst eingehende Aufklärung plädieren, die *persönlich* durch den Arzt zu geben ist, nicht durch Bücher (Brügelmann, Hecker). Der Arzt soll sich nicht scheuen, seinem Patienten eine kurze Darstellung der Grundlagen der medizinischen Psychologie zu geben mit besonderer Anwendung erstens auf die Psychologie der Kranken, zweitens der Hypnose. Während wir bei Unintelligenten lediglich eine Erhöhung der Suggestibilität erstreben, um nachhaltiger suggestiv zu wirken, wollen wir den Intelligenten zur Zusammenarbeit mit uns in und außer Hypnose erziehen und ihm in und außer Hypnose die Mittel zeigen, seiner Beschwerden Herr zu werden. Intelligente Kranke haben oft gewisse, allerdings meist unzutreffende Vorstellungen von der Hypnotherapie. Diese können zu störenden «Autosuggestionen» führen. Zweckmäßig läßt man den Kranken möglichst viel fragen oder fragt ihn selbst; die «Aufklärung» darf nie in ein schematisch vorgetragenes Privatissimum ausarten! Folgende Punkte sind zu berühren:

- Einfluß «des Geistes auf den Körper» («lähmendes Entsetzen»), Zusammenlaufen von Wasser im Munde bei Vorstellung schmackhafter Speisen, Zittern vor Furcht usw.),
- Schlaf, Traum, Genese von Krankheiten, Rolle des Psychischen dabei,
- falsche Auffassung der «eingebildeten Kranken»,
- Rolle der «Aufmerksamkeit» bei der Intensität von Empfindungen,
- spezielle Fragen der Person oder des Leidens der Kranken (je nach Lage des Falles ganz kurz oder ausführlich!),
- Hypnose als Schlaf, Hypnotisierung, falsche Vorstellung der «Willensbeeinflussung», des «Fluidums» usw.

Bei der Darlegung der hypnotischen Vorgänge vergesse man nicht, zu betonen, daß im Beginn der Hypnose Bewußtsein, Orientierung und Rückerinnerung enthalten sind; mit Gebildeten ist eine Diskussion der Dissoziation des Bewußtseins, des «partiellen Schlafens und Wachens» usw. erwünscht. Intelligente Ungebildete belaste man nicht mit technischen Ausdrücken, die doch nur Ballast für sie bedeuten.

Eingehend sind die angeblichen Schädigungen durch Hypnose und ihre Entstehung durch technische Fehler zu besprechen, ferner zu betonen, daß kein Vollsinniger gegen seinen Willen hypnotisiert werden kann. «Die Leistung», pflege ich zu sagen, «liegt bei dem Hypnotisierten; der Hypnotisierende kann ihm seine Aufgabe nur erleichtern.»

Intelligente sind darüber zu beruhigen, daß man die Hypnose nicht benutzen will, um irgendwelche Geheimnisse zu erfahren; bei Fällen, bei denen ein derartiges Vorgehen zweckmäßig erscheint (Psychokatharsis), ist eine dahingehende Belehrung erforderlich. Vor allem darf V. P. nicht eine «narkose»ähnliche, überwältigende «Einschläferung», eine rein passiv geschehende «Bewußtseinsvergewaltigung» *bewußt* erwarten, was sie selbstverständlich «wach»hält und enttäuschen muß; wenn es die Persönlichkeit der V. P. irgend erlaubt, ist sie stets zu einem freien, selbständigen, sachlichabwartenden und «begleitenden» Verhalten zu führen. Verstöße gegen diese Hauptregel für die Hypnotisierung differenzierter V. P. bedingen den häufigen Irrtum, als sei «Intelligenz» ein Widerstand; nur – sehr berechtigt! – gegen unangebrachte magischprimitive Technizismen! Gerade mit differenzierten V. P. ist das hypnotische Arbeiten im modernen, wissenschaftlich sachlichen «Mitarbeiter»verhältnis besonders produktiv und lohnend.

Die gesamte psychische Vorbereitung kann in schwierigen Fällen sehr lange Zeit in Anspruch nehmen; *nie schreite man zur Hypnose, ohne aufgrund derartig genauer Kenntnis des Kranken die gegebene Indikation zu sehen und das Einverständnis des Kranken zu besitzen.*

Allgemeine Technik

Jede Anwendung der Hypnotherapie hat zur Voraussetzung, daß der Arzt sich ihres Zweckes im vorliegenden Falle klar bewußt ist. Abgesehen von der Art des zu behandelnden Leidens unterscheiden wir drei Wege (Brodmann):
1. Benutzung des hypnotischen Zustandes als solchen, besonders zur Erholung.
2. Benutzung der gesteigerten Suggestibilität.
3. Benutzung der Hypermnesie.

Die Suggestibilität ist schon in Zuständen oberflächlicher Hypnose gesteigert; Einigkeit darüber, ob sie notwendig mit der Tiefe der Hypnose (bei demselben Individuum!) wächst, besteht noch nicht. Dauerschlaf (Wetterstrand) zur Erholung und die Hypermnesie höheren Grades im allgemeinen sind an tiefere Grade gebunden. Diese lassen sich mit den verschiedensten Methoden erreichen; die zunächst zu schildernden sogenannten «somatischen» Methoden sind aber hierzu nicht zu empfehlen; die beherrschende Methode ist die der «Verbalsuggestion», die technisch richtig angewandt in sehr vielen Fällen zu tiefster Hypnose führt und gefahrlos ist. *Immer ist ein individuelles, in gemeinsamer Versuchserprobung verschiedene Techniken «anbietendes», stets Beobachtung und Erfahrung der V. P. benutzendes Verfahren nötig.* Autoren, die eine bestimmte Technik als *«die»* richtige empfehlen, werden ihrer Aufgabe nicht gerecht.

Wir unterscheiden bei der folgenden Darstellung der Hypnotisierungsmethoden:
1. *«Spontanhypnosen»* (Hypnosen ohne Willen des Arztes «hypnoses fortuites», einschließlich der «Autohypnosen»).
2. *«Sensorielle»* Hypnosen.
   a) Hautsinn (Mesmer).
   b) Gesichtssinn:
   α Fixation,
   β Faszination.
   c) Gehörsinn (Sidis «Monotonoidation»).
   d) Allgemeinsinn (Benutzung von Schwindelgefühl usw.).
3. *Verbalsuggestionshynosen.*
   a) Mit Unterstützung von narkotischen Mitteln.
   b) Aus dem Normalschlafe.
   c) Reine Verbalsuggestionsmethode.

20

«Spontanhypnosen»

«Hypnotische» Zustände, die eintreten, ohne daß ein Arzt oder Laie hypnotisierende Maßnahmen getroffen hätte, sind zahlreich beschrieben, doch tragen sie zumeist ihren Namen sicher mit Unrecht. Von «Hypnose» darf nur da gesprochen werden, wo ein Schlafzustand besteht, der durch den Einfluß des Hypnotisierenden beliebig beeinflußt werden kann, in dem Sinne, daß auf Anregung des V. L. oder der V. P. ein partielles Wachsein (O. Vogt) verschiedener, beliebiger Ausdehnung geschaffen werden kann. In *diesem Sinne* ist die Fühlung der V. P. mit dem V. L. der sogenannte «Rapport», das entscheidende Kriterium für das Bestehen der Hypnose.

«Sensorielle» Hypnosen

Entsprechend der theoretischen Auffassung der Hypnose wurden die Methoden zur Herbeiführung der Hypnose modifiziert. Wenn hier von einer *«sensoriellen» Hypnose* gesprochen wird, so geschieht das selbstverständlich mit der reservatio mentalis, daß ihr Mechanismus vorwiegend ein rein psychischer ist und diese Mittel vor allem zur Hypnose führen, weil die Versuchsperson diesen Zweck kennt oder, wie die Anhänger der reinen Suggestionstheorie es ausdrücken, weil die «Schlafvorstellung» im Spiele ist.

Hautsinn

Schon die Nachfolger Mesmers, die alten Magnetisten, suchten auf sensoriellem Wege den «magnetischen Schlaf» mit seinen Krisen, Schweißen usw. hervorzurufen; ein Überbleibsel ihrer Technik bilden die *«Mesmerischen Striche»* oder *«Passes»*, die auch in der modernen Hypnotherapie noch angewandt werden. Werden sie, wie gewöhnlich, im Abstand einiger Zentimeter vom Körper des Patienten vorgenommen, so ist wohl im wesentlichen die leichte Luftbewegung, vielleicht auch Temperaturschwankung, die dabei entsteht, und der Anblick der gleichmäßig ausgeführten Bewegung dazu geeignet, ein gewisses Gefühl der Schläfrigkeit herbeizuführen; bei direkter Berührung spielen ähnliche Empfindungen eine Rolle, wie bei der Einwirkung des «Streichelns», der ja selbst Tiere zugänglich sind. Besonders zweckmäßig sind lokalisierte «passes», um kataleptische Erscheinungen auszulösen; auch Analgesie tritt sehr häufig unter ihrem Einfluß auf.

Die zahlreichen Spezialvorschriften über Richtung der Striche, Schnelligkeit, Dauer sind allenfalls dadurch von Wert gewesen, daß sie dem Eingeübten ein sicheres und ruhiges Auftreten ermöglichten, wodurch auch die Erfolge jeder speziellen «Schule» sich erklären. Moll nahm sich die Mühe, all diesen abenteuerlichen Dingen sehr scharfsinnig nachzuspüren; er konnte experimentell nachweisen, daß die Richtung der Striche völlig irrelevant ist. Rhythmus, Schnelligkeit usw. vermitteln das Verständnis. Eigene Beobachtungen lassen mich annehmen, daß allgemeine Sinneserlebnisse des Haarkleides von Belang sind, so daß passes «gegen den Strich» stören und erregen, während umgekehrt fließende beruhigen und einschläfern. Ferner ist auch (bei den passes) sicher das Monotonieerlebnis wesentlich.

Daß die Berücksichtigung des Temperatursinns bei vielen, besonders sensiblen Personen sehr wichtig ist, bestätigen alle erfahrenen Autoren; bei solchen Kranken ist daher Wert auf ein gleichmäßig temperiertes Zimmer und bei liegender Stellung auf Bedeckung des Körpers mit einer leicht wärmenden Decke zu legen.

Eigentliche hypnosigene Hautzonen (Pitres) sind unbewiesen. Fedorow beschrieb 1934 hypnosigene Effekte durch schwache elektrische Hautreize, die thermische und andere fast unmerkliche gleichmäßige Sinnesempfindungen bewirkten. Ähnlich Lindberg, Gothenburg, 1950.

Gesichtssinn

Den *Gesichtssinn* zog in der europäischen Geschichte der Hypnose zum ersten Male Braid systematisch heran; seine Methode, durch Fixieren eines glänzenden Gegenstandes hypnotische Phänomene zu erzeugen, heißt danach «*Fixationsmethode*». Fälschlich wird vielfach angenommen, Braid habe lediglich durch Ermüdung der Augenmuskeln wirken wollen, seine eigene Schilderung aus der Neurohypnology[2] belehrt uns eines anderen.

«Man nehme irgendeinen glänzenden Gegenstand (ich benutze gewöhnlich mein Lanzette-Besteck) zwischen Daumen, Zeigefinger und Mittelfinger der linken Hand; diesen halte man in einer Entfernung von 25–45 cm vom Auge in derartiger Stellung oberhalb der Stirn, daß es der größten Anstrengung von seiten der Augen und der Lider zur scharfen Fixierung des Gegenstandes bedarf. Außerdem *muß man dem Patienten einschärfen, daß er die Augen immer fest auf den Gegenstand gerichtet halten solle, und daß die Gedanken sich ebenfalls nur mit dem Vorhaben beschäftigen dürfen.* Die erste Beobachtung, die man nun macht, ist die, daß infolge der gleichmäßigen Anstrengung der Augen die Pupillen kleiner werden; bald darauf beginnen sie sich zu erweitern, und nachdem sie sehr weit geworden sind und eine schwankende Bewegung bekommen haben, werden sich sehr wahrscheinlich, wenn man den ausgestreckten und etwas gespreizten Zeige- und Mittelfinger der rechten Hand vom Gegenstand aus den Augen nähert, die Lider von selbst schließen mit einer zitternden Bewegung. Wenn es nicht so kommt, oder wenn der Patient die Augäpfel bewegt, so muß man ihn auffordern, von vorn anzufangen, indem man ihm einschärft, daß er die Lider schließen muß, wenn man wieder die Finger seinen Augen nähert, aber daß er die Augen in derselben Stellung ruhighalten muß und seine Gedanken nur auf den Gegenstand über

---

2 Nach der Preyerschen Übersetzung.

seinen Augen richten darf. Meistens werden sich dann die Augen mit einer zitternden, also krampfartigen Bewegung schließen.»

Ranschburg gibt aus der Laufenauerschen Klinik 1896 folgende Schilderung der dort üblichen Ausführung der Fixationsmethode:

«Der Hypnotiseur stellt sich hinter den Kopf des Mediums, hält den Perkussionshammer über den Kopf desselben, so, daß der Knopf beiläufig 10 cm vor und über der Glabella steht, während die fixierenden Augen aufwärts und ein wenig einwärts konvergieren. Wenn sich nach einigen Minuten (!) kein Erfolg zeigt, forcieren wir das Experiment nicht weiter.»

Endlich noch ein Beispiel von Moll:

«Ich beginne die Versuche an einem 20jährigen jungen Manne. Ich fordere ihn auf, sich auf einen Stuhl zu setzen und einen Knopf, den ich ihm in die Hand gebe, zu fixieren. Nach drei Minuten fallen die Augenlider zu, der Herr bemüht sich vergebens, die Augen zu öffnen, sie sind fest geschlossen, während die Hand, die bisher den Knopf hielt, auf das Knie heruntergefallen ist. Auf meine Frage, wie er sich fühle, erklärt der Herr, daß er müde sei. Ich versichere ihm, daß es ihm unmöglich sei, die Augen zu öffnen. Er bemüht sich vergebens, die Augen zu öffnen... Darauf blase ich ihm auf die Augen, sofort öffnen sie sich und er ist in demselben Zustand wie vor dem Versuch; er erinnert sich an alles, was ich mit ihm gesprochen habe.»

Die Methode, lediglich durch Fixieren zu hypnotisieren, hat eine Reihe von Mängeln; zunächst machen sich die unvermeidlichen Ermüdungserscheinungen, wenn die Prozedur länger ausgedehnt wird ($\frac{1}{2}$ Minute ist schon als recht lang anzusehen!), sehr häufig in unangenehmen Nacherscheinungen wie Kopfschmerz, subjektiven Sehstörungen, Akkommodationskrampf, Schwindel usw. geltend. Bei sehr empfänglichen Personen läuft man weiter Gefahr, auf diese Weise bei Anblick beliebig glänzender Objekte «Spontanhypnosen» auftreten zu lassen. Die Braidsche Methode ist daher jetzt für *Ersthypnosen* mit Recht von Ärzten fast allgemein verlassen; man bedient sich nur eines *ganz kurzen Fixierens bei Einleitung der Hypnose*, um eine gewisse Sammlung herbeizuführen. Subjektiv ergibt das Fixationserlebnis ein Verschwimmen des Sehbildes, oft bis zu Verdunkelungen und Lückenbildungen; diese Vernebelung des Sehens ist oft der V. P. anzusehen; Erweiterungen der Pupille, Ataxie der Bulbi, Verschleierung des Blickes, schwimmend-glänzendes Feuchtwerden des Auges, Muskelunruhe in der Augenumgebung u.a.m. zeigen dem erfahrenen V. L., was V. P. erlebt, und erlauben es, der V. P. zu sagen «Jetzt wird Ihr Blick trübe, die Gegenstände verschwimmen, Sie fühlen ein leichtes Brennen in den Augen» u.dgl.m. Im Rotlicht treten bei Fixation sehr schnell tief dunkle, wolkenhafte Schattenbildungen auf, insbesondere wird bei der Faszination das Gesicht des V. L. magisch dunkel und verschwommen.

Ebenfalls vorwiegend aus einseitiger Reizung (Ermüdung?) des Gesichtssinnes beruht die hypnotisierende Wirkung des von Luys konstruierten rotierenden Hohlspiegels, wobei außerdem das gleichmäßig schnurrende Geräusch von bisweilen günstigem Einflusse ist. V. Schrenck-Notzing empfahl seine Verwendung mit mäßiger Blendung bei Refraktären. Besondere Gegenstände zum Fixieren sind vielfach angefertigt («Hypnoskope»); so befestigte Schupp auf einem quadratmetergroßen, mit schwarzem Tuche überzogenen Pappdeckel in der Mitte den silbernen Deckel einer Dose; Mohr läßt ein Papier, das mit geometrischen Figuren beschrieben ist, fixieren, wobei im Beginn des Einschlafens ein Verschwimmen der Figuren eintritt; französische Autoren empfehlen Fixieren von Glühbirnen usw. Größere Bedeutung kommt all diesen Dingen nicht zu.

Läßt der Hypnotiseur statt eines beliebigen anderen Objektes nur seinen «Augenstern» fixieren, um Hypnose herbeizuführen, so spricht man von *Faszination*. Wertvoll kann sie, als Hilfsmittel, dadurch sein, daß der Hypnotisierte sich in dieser Lage ganz besonders intensiv beobachtet fühlt. Dem Hypnotisten ist zu empfehlen, dabei die Pupillenbewegung eines Auges des Kranken zu beobachten, damit er mühelos längere Zeit fixieren kann. Irgendwelche Fratzen zur Unterstützung zu schneiden, kann nur bei sehr unintelligenten Patienten ungestraft geschehen und ist auch dann entbehrlich; der Arzt soll sich bewußt sein, daß Dompteurkunststücke in die Menagerie gehören; ebenso der «böse Blick» in die Ammenstube! Fixiert V. L. die glabella der V. P., so kann diese seinen Blick nicht «fassen» und bekommt das (manchmal unheimliche) Gefühl des «Durch-und-Durch-Gesehen-Werdens».

Eine Erscheinung aus dem Gebiete der physiologischen Optik suchte Levy-Suh (1909) für die Hypnotisierung auszunutzen, ein Versuch, für den sich Forel ausgesprochen hat. Er benutzte den sogenannten «Simultankontrast», der darin besteht, daß bei Fixierung eines grauen Streifens auf farbigem Untergrunde dieser Streifen sehr bald die Komplementärfarbe zeigt. Dies wird in suggestiver Form in Aussicht gestellt und damit die Wirksamkeit der ärztlichen Suggestion im eigentlichen Sinne «ad oculos» demonstriert. Berthold Stokvis baute die Methode weiter aus. Lemesle gab 1909 sein «bandeau hypogene» an, eine Bandage, die Augen und Ohren verschließt und den Eintritt der Hypnose sehr beschleunigen soll.

Gehörsinn

Damit ist die Überleitung zur Benutzung des *Gehörsinnes* gegeben; vom starken, plötzlichen, «faszinierenden» Reiz des Tam-Tam-Schlages, wie ihn Charcot anwenden ließ, bis zum leisen Ticken der Taschenuhr (Heidenhain) sind die verschiedensten, mehr oder weniger musikalischen akustischen Reize angewandt. Neben der Schockwirkung ist zunächst der Einfluß monotoner, gleichförmiger, schwacher akustischer Reize leicht verständlich und von primitiver Wirkung; eigentlich musikalische Hilfsmittel zur Herbeiführung und Unterhaltung der Hypnose verwandte schon Mesmer, namentlich Harmoniumspiel. In neuerer Zeit hat besonders Boris Sidis die Benutzung einförmiger akustischer Reize zur Herbeiführung eines Wachtraumzustandes empfohlen; er trennt die so mittels «Monotonoidation» gewonnenen Zustände prinzipiell von der Hypnose, ohne diese Differenz ganz wahrscheinlich zu machen. Eine gute Unterstützung beim Hypnotisieren gibt das Geräusch gleichmäßig in einen großen Behälter fließenden Wassers, das ich aus eigener Erfahrung empfehlen möchte[3], das aber Harndrang machen kann.

Allgemeines «Sensorium»

Allgemeine Sensationen sind besonders von Laien herangezogen; der dänische Magnetiseur Hansen, dessen Auftreten in ganz Europa Sensation machte, drehte seine Medien mehrmals schnell um ihre Achse und benutzte das entstehende Schwindelgefühl. Andere ließen die Versuchspersonen längere Zeit mit gesenktem Oberkörper den Leib zusammenpressen.

Forel empfahl gelegentlich Schaukeln in einem Schaukelstuhl (1893). – Hierhin gehört auch die von dem hervorragenden amerikanischen Hypnose-arzt Milton H. Erickson empfohlene *«Levitationsmethode»*. Sie besteht ihrem innersten Wesen nach darin, daß zur Einleitung der hypnotischen Umschaltung «von selbst» auftretende Finger-, Hand- oder Kopfbewegungen in Aussicht gestellt werden, so daß die V. P. *in eine passiv selbstbeobachtende Haltung geführt* wird. In dieser kann sie entweder das Auftreten von Bewegungsreaktionen als Phänomen an sich, gewissermaßen «aus dem Leeren» erwarten, oder es wird bereits eine analytisch differenzierte Situation geschaffen. V. L. stellt Fragen mehr minder persönlicher Art und versichert V. P., sie werde bei Bejahung z.B. die rechte, bei Verneinung die linke Hand sich von selbst anheben fühlen, ohne jedes eigene Tun, eine Technik, welche die passive Erwartungsstellung noch verstärkt. So ist besonders in USA die Methode vielfach und mit gutem Erfolg in Gebrauch. Erickson verdanken wir überhaupt eine Fülle spezieller, sehr wertvoller, technischer Anregungen, auf die hier im einzelnen nicht eingegangen werden kann (s. besonders American Journ. of Clinical Hypnosis).

Größte Bedenken dagegen erwecken in USA empfohlene Gewalthypnotisierungen durch Abklemmungen beider Halsschlagadern.

In Zusammenfassung der sensoriellen Hypnotisierungsmethoden kann gesagt werden, daß sie zum Teil wertvolle Hilfsmittel der Suggestion sind, bei einseitiger und gewaltsamer Anwendung aber häufig nachteilig wirken. Der einschläfernde Effekt *ist nicht* lediglich auf Ermüdung zu beziehen.

---

3 Bereits Boerhaave empfahl dies nach Spitta gegen Insomnie (Brodmann).

Die Verbalsuggestionsmethode

bedeutet daher einen großen Fortschritt, namentlich theoretisch; denn praktisch hatten alle geschickten Vertreter der sensoriellen Methode bereits ausgiebig Gebrauch von Verbalsuggestionen gemacht, zum mindesten unwissentlich.

Das Verdienst, die Verbalsuggestion in ihrer ganzen Bedeutung zum ersten Male erkannt und verwertet zu haben, gebührt dem portugiesischen Mönch oder, wie er sich nannte, Brahminen Faria. Gilles de la Tourette gibt folgende Selbstdarstellung dieses genialen Mannes wieder:

«Die Maßnahmen, deren ich mich zum Einschläfern bediene, sind höchst einfach. Ich setze die Betreffenden bequem auf einen Stuhl, spreche mit Nachdruck das Wort «Dormez» oder ich zeige ihnen auf einige Entfernung meine offene Hand, indem ich sie anweise, sie fest anzusehen, ohne die Augen abzuwenden und ohne die Freiheit des Blinzelns mit den Augen zu beschränken. Im ersten Falle heiße ich sie die Augen schließen. Ich bemerkte dann stets, daß, wenn ich mit Nachdruck auf sie den Befehl zu schlafen, einwirken lasse, ein Zittern alle ihre Glieder durchläuft, und dann schlafen sie ein. Diese Erschütterung ist ein sicherer Beweis nicht nur für die erforderliche Anlage, sondern auch für ihren guten Willen, sich willig der Konzentration hinzugeben.

Im anderen Falle nähere ich, sobald ich sehe, daß sie nicht mehr mit den Augen blinzeln, allmählich meine offene Hand bis auf kurze Entfernung, und wenn ich sehe, daß sie nicht wie sonst ihre Lider schließen, so stelle ich noch eine andere Probe mit ihnen an, die ich sofort mitteilen werde.

Wenn die eben erwähnten Maßnahmen nicht die erwartete Wirkung haben, so berühre ich die Personen, die ich für geeignet halte, an dem Scheitel, an beiden Stirnhöckern, an der Nase am Abfall des Stirnbeines, in der Gegend des Zwerchfells, des Herzens, an beiden Knien und an beiden Füßen. Die Erfahrung hat auch gelehrt, daß ein leichter Druck auf die Teile, an denen das Blut besonders flüssig ist, immer eine Konzentration hervorruft, die zur Ablenkung der Sinne genügt, wenn nicht der Wille sich dem widersetzt oder das Begriffsvermögen geschwächt ist; und daß weiter einige der erwähnten Teile immer diese zur Erhaltung des Lebens absolut unentbehrliche Bedingungen in sich bergen...»

Allerdings kommt bei einer solchen schematischen Erfahrungsschilderung das Allgemeinpsychologische viel zu kurz, waren doch zweifellos die V. P. von Faria, wenn sie dem offenbar sehr eindrucksvollen Mann gegenübersaßen, in der Erwartungs- und Aufgabenstellung «eingeschläfert» zu werden, und es ist wohl verständlich, wenn mein verehrter großer Meister Otto Binswanger, Jena, schmunzelnd erzählte, ein biederer Schweizer Arzt habe gleichfalls ländlichen Schweizer Patienten die Hand vorgehalten und nachdrücklich gesagt «Schlafen Sie!», worauf diese aber in treuherzigem Schweizer Deutsch erwiderten: «Ich schlaf' gewiß nicht!». Das ändert an dem Wert der erwähnten Technik unter entsprechenden Voraussetzungen nichts.

Unterstützung mit narkotischen Mitteln

Durch äußere widrige Umstände gerieten Farias Angaben in Vergessenheit; ehe wir die Methoden seiner Nachfolger, der «Schule von Nancy» besprechen, die der reinen Verbalsuggestion zur Herbeiführung der Hypnose zum Siege verhalfen, sollen kurz einige Methoden erwähnt werden, bei denen die rein psychische Einleitung der Hypnose durch Herbeiführung oder Benutzung eines anderweitig bedingten Ausnahmezustandes erleichtert wird, besonders durch vorhergehende *Narkose* und aus dem *Normalschlaf*. Im selben Sinne können die bisher besprochenen «sensoriellen Methoden» zur Unterstützung herangezogen werden.

Die Beziehung hypnotischer Zustände zur *Narkose* ist sehr frühzeitig erkannt; schon Bernheim beobachtete bei Narkotisierten nach wenigen Atemzügen ein ruhiges Einschlafen, das er als Autohypnose deutet. Die Bedeutung der Suggestion speziell in hypnotischer Form für den Ablauf der Narkose ist vielfach hervorgehoben, so von Grossmann 1893. Umgekehrt ist auch eine leichte Narkotisierung zur Erleichterung der Hypnose empfohlen, so mit Chloroform (Rifat, Wetterstrand, Krafft-Ebing u.a.), Sulfonal (de Jong) mit Cannabis indica (Barwise, Binswanger, v. Schrenck-Notzing u.a.), Bromäthyl (Schupp), mit Chloralhydrat (Moll u.a.) oder Skopolamin in subkutaner Anwendung (Bérillon 1909); v. Schrenck-Notzing hat der Frage der Bedeutung narkotischer Mittel für den Hypnotismus eine eingehende Studie gewidmet, in der die gesamte Literatur bis 1891 verarbeitet und über eigene Versuche berichtet ist. Ob direkt der narkotisch veränderte Zustand durch Herstellung des Rapportes in Hypnose übergeführt wird oder ob nur die geschaffene gesteigerte Suggestibilität von Bedeutung ist, darüber besteht ebensowenig Klarheit wie über die Frage, ob nicht bei leichteren narkotischen Eingriffen der ganze Mechanismus ein rein suggestiver ist. Diese Möglichkeit beweisen die erwähnten «Scheinnarkosen», über die Hallauer ausführlicher berichtet hat. Bemerkenswert ist, daß Lloyd-Tuckey in 5 schwierigen Fällen keinen Einfluß der Chloroformierung feststellen konnte. Monographisch hat A.A. Friedländer (Stuttgart, Enke, 1920) «Die Hypnose und die Hypnonarkose» bearbeitet. Auch F. Schilder, Kogerer, Stransky u.a. verdanken wir wertvolle Anregungen. Praktisch wichtig ist besonders, daß Paraldehyd und manche Barbiturderivate je nach Konstitution und Erkrankung die Hypnotisierung sehr erleichtern können, während das Skopolamin durch starke begleitende Unlustempfindungen meistens sehr stört. Hauptmann (Klin. Wschr. 1934, 437) empfiehlt die Injektion von 2,0 Evipan. In besonders schwierigen Fällen hat mir ein ganz kurzer Chloräthylrausch sehr gute Dinge geleistet, der dann neben der Herstellung der Hypnose eine seelische Erforschung in Narkose, eine «*Narkolyse*» (J.H. Schultz 1926) erlaubt, wie sie ähnlich und gleichzeitig auch von P. Schilder u.a. mit Erfolg durchgeführt wurde. Als «Narkoanalyse», «Wahrheitsserum(!)» usw. haben diese alten Erfahrungen neuerdings eine nicht immer erfreuliche Auferstehung gefeiert.

Aus dem Normalschlaf

Gleich den chemisch-narkotischen Mitteln kann auch durch andere den *Normalschlaf* herbeiführende Maßnahmen der Kranke in Schlaf gebracht und aus dem Schlafe ein partielles Wachsein, eine Hypnose entwickelt werden; dabei umgeht man bei vielen Personen das Vorurteil, das einer eigentlichen Hypnose entgegensteht, man spricht daher von «larvierter Hypnose». Suggestionen im Normalschlaf, Erzeugung von Träumen u.a. zu Heilzwecken sei hier nur kurz erwähnt.

Reine Verbalsuggestion

Ohne irgendwelchen Anspruch auf Vollständigkeit sollen hier zunächst einige zweckmäßige Beispiele der *Herbeiführung der Hypnose mittels Verbalsuggestion* gegeben werden; weitere Beispiele finden sich in allen größeren Darstellungen unseres Gebietes, so bei Forel, Löwenfeld, Bernheim, Hirschlaff, Moll, Schmitz (Hypnose, 1951, Lehmann, München) usw. und besonders in der ausführlichen Darstellung der hypnotischen Methodik von Brodmann (Zeitschrift für Hypnotismus, Bd. 4, 6, 10), der wir auch Proben entnehmen.

Liébeault, dem wir die Auferstehung der Verbalsuggestionsmethode danken, gab 1893 folgende Schilderung seines Verfahrens:

«Nachdem ich meinen Patienten veranlaßt habe, es sich auf einem Fauteuil, oder noch besser auf einem Diwan bequem zu machen, ersuche ich ihn, seinen Blick intensiv auf den meinen zu richten. Während nun seine Aufmerksamkeit ganz darauf gerichtet ist, mich zu beobachten, und während mithin seine anderen Sinne mehr und mehr abstumpfen und unfähiger werden, irgendwelche anderen Eindrücke aus der Umgebung aufzunehmen, rekapituliere ich ihm die Vorstadien des Schlafes: Erstarrung der Glieder, Trägheit, Schwere der Augenlider usw., und wenn ich merke, daß die Augenlider zittern und ermatten oder daß die Augen einen etwas starren und verwirrten Ausdruck annehmen, so gebe ich den Befehl – Schlafen Sie! – Bleiben hierauf die Augen noch offen, so wiederhole ich meine Suggestion der Reihe nach und schließe zuletzt die Augen des Patienten. Arbeiter, Landleute, Kinder und Soldaten, die ... gewöhnt sind, leicht zu gehorchen, schließen fast alle ... die Augen sofort mechanisch, wenn ich ihnen nur zurufe: «Schlafen Sie». Nach einigen Bemerkungen über Milieu, Vorbereitung u.a. fährt Liébeault fort: «Mit Rücksicht auf Zeitersparnis habe ich das Verfahren unter Aufgabe eines Teiles meines Schemas noch vereinfacht und finde, daß es ausreicht, wenn ich meinen Patienten Gelegenheit gebe, die Behandlung anderer zu beobachten, wobei ich jedem einzelnen die Vorstellung einflöße, daß auch er, so wie er sich nur in den bereitstehenden Armstuhl setzt, unfehlbar schnell und leicht einschlafen werde, gerade so, wie er nachts in den natürlichen Schlaf falle. Dieser Modus ist in den meisten Fällen von Erfolg; kaum sitzt der Patient im Armstuhl, so fällt er auch schon in den hypnotischen Zusand, auf den ihn sein Nachahmungstrieb und die sichere Erwartung des Schlafes genügend vorbereitet hatten. Diese kürzere Methode wurde vor mir schon von Prof. Bernheim gehandhabt, welcher damit den noch langweiligeren Prozeß vermied, den Patienten durch Fixieren und wiederholtes Aufsagen einer Formel einzuschläfern.»

Bernheim selbst sagt:

«Gewöhnlich ist die Hypnose leicht zu erzielen; die Person liegt oder sitzt bequem in einem Fauteuil, ich lasse sie sich einige Augenblicke sammeln und sage ihr indes, daß sie sich in einen leichten angenehmen Schlaf versenken werde, der ebenso erquickend wie der natürliche Schlaf sein wird. Ich nähere meine Hand ihren Augen, und sage «Schlafen Sie!» Einige schließen augenblicklich die Augen und sind gefangen. Andere bleiben, ohne die Augen zu schließen, mit starrem Blick und Phänomenen der Hypnose. Wieder andere blinzeln mit den Lidern; die Augen öffnen und schließen sich abwechselnd. Gewöhnlich lasse ich sie nicht lange offen. Wenn die Person sie nicht freiwillig schließt, halte ich sie einige Zeit geschlossen, und wenn ich etwas Widerstand gewahre, füge ich hinzu: «Geben Sie nach; Ihre Lider werden schwer, Ihre Glieder erschlaffen. Der Schlaf kommt, schlafen Sie!» Selten vergehen ein oder zwei Minuten, ohne daß die Hypnose eintritt. Einige bleiben sofort unbeweglich und passiv. Andere suchen sich wieder zu fassen, öffnen von neuem die Augen, erwecken sich jeden Augenblick; ich bleibe aber standhaft, halte die Lider geschlossen und sage: «Schlafen Sie weiter».

Der Liébeault-Bernheimschen Methode schließen sich eine große Reihe ähnlicher an. Corval, der sich bei Wetterstrand ausbildete, schilderte sein eigenes Vorgehen:

«Wenn wir nun dazu schreiten, die Suggestion anzuwenden, müssen wir, wie schon gesagt, vor allen Dingen unseren, in möglichst bequeme Position gebrachten Patienten in eine ruhige, behagliche Stimmung zu versetzen suchen. Wir sagen ihm, daß jeder Mensch bei gutem Willen schlafen könne, und daß dieser Schlaf seine Krankheit heilen oder wenigstens erheblich bessern werde, ohne daß er irgendwelche Unannehmlichkeiten dabei habe, daß er sich nach demselben sehr erquickt und behaglich fühlen müsse. Wir geben ihm die Versicherung, daß seine Unterwerfung unter unseren Willen nur vorübergehend wäre sowie daß er nur mit seinem vollen Einverständnis einschlafen könne, und der geringste Widerstand von seiner Seite unseren Einfluß vollständig aufheben würde. Er möge seine Gedanken einzig und allein nur auf das Einschlafen konzentrieren, von allem anderen abzulenken suchen, das Auge des Arztes fixieren, seine Augen jedoch sofort schließen, sobald er ein Gefühl von Druck in der Stirn fühle. Ein solches Fixieren, welches aber nicht in ein Anstarren ausarten darf, erleichtert die Konzentration der Gedanken außerordentlich. Indem wir selbst wieder die Augen des Patienten fixieren, suggerieren wir der Reihe nach die Erscheinungen des Schlafes mit ruhiger, monotoner Stimme: «Sie fühlen schon eine gewisse Schwere in den Gliedern, es macht Ihnen Mühe, die Augen offen zu halten, der Blick trübt sich, Sie sehen mein Gesicht doppelt, dasselbe wird immer undeutlicher, die Schwere der Glieder wird immer stärker, Sie können nicht mehr widerstehen, Sie können die Augen nicht mehr offenhalten, schließen Sie die Augen, schlafen Sie!» Mit diesen oder ähnlichen Worten gelingt es in den meisten Fällen, den hypnotischen Schlaf hervorzurufen. In anderen, bei sehr suggestiblen Personen oder bei häufiger Wiederholung der Sitzungen genügt schon der einfache Befehl: «Schlafen Sie!», um sofort tiefen Schlaf, Somnambulismus zu erzeugen. Zuweilen ist dagegen notwendig, ein kurzes Verfahren anzuwenden, die Patienten gleichsam zu überrumpeln, ihnen keine Zeit zu Reflexionen und an diese sich anschließende Autosuggestionen («bei uns wirkt das Zureden nichts, ich bin nicht empfänglich, ich will nicht einschlafen» u.dgl.) zu lassen. In anderen Fällen wieder dauert es selbst beim besten Willen der Kranken sehr lange, bis sie die nötige Ruhe gewinnen, zu der Konzentration ihrer Gedanken auf den einen Punkt des «Schlafens» zu gelangen, und muß man sich hüten, hierbei die Suggestionsversuche zu lange fortzusetzen. Man wiederholt dieselben lieber den nächsten Tag und erreicht dann nach 3–5 Tagen vollständig sein Ziel. Ganz zweckmäßig ist es, zuweilen, besonders um den Schlaf zu vertiefen und zugleich dem Patienten seine Macht zu zeigen, Unbeweglichkeit eines Armes zu suggerieren, denselben in die Höhe zu heben, zu erklären, daß er nicht gesenkt werden könne, das ist Katalepsie zu erzeugen.»

Vor unnötigen Experimenten, besonders bei Hysterischen, wird gewarnt und ein Verfahren kurz empfohlen, das uns weiter unten als «Fraktioniertes Verfahren» (O. Vogt) beschäftigen wird. Corval fährt fort:

«Daß man seine Worte jedem einzelnen Falle anpassen, die Patienten förmlich studieren muß, um die richtige Ausdrucksweise, die richtige Art der Eingebung zu treffen», versteht sich; unpassend ist also, jedesmal gewissermaßen einen eingelernten Spruch herzusagen. Ist der Patient eingeschlafen, was wir an einem leichten Vibrieren des oberen Augenlides, den erschlafften Gesichtszügen, dem behaglichen Gesichtsausdrucke, dem ruhigen Atmen erkennen, so fahren wir nach kurzer Zeit mit der gleichen Suggestion fort. Es gibt kein bestimmtes Zeichen, welches uns andeutet, daß die Hypnose nun tief genug sei, um weitergehen zu können, besonders bei Patienten, deren Verhalten in dieser Beziehung wir noch nicht kennen. Reagiert der Patient nicht mehr auf leichte Berührungen der Cornea, leichte Nadelstiche, gelingt es, den Arm in beliebiger Stellung z.B. über den Kopf zu erheben, zu erhalten (Katalepsie zu erzeugen), Drehen der Hände umeinander (automatische Bewegungen) zu erzielen, dann können wir ruhig mit der Suggestion weitergehen und abwarten, ob unsere Eingebungen mehr oder weniger befolgt sind usf. Wir dürfen aber andererseits nicht vergessen, daß nicht selten schon genügende Resultate bei einfacher Somnolenz, ganz zufriedenstellende bei dem von uns als II. Grad bezeichneten Zustand beobachtet werden; während wir freilich bei anderen Patienten uns möglichst bemühen müssen, den III. Grad zu erreichen. Endlich dürfen wir *nicht versäumen, unsere Patienten während des Schlafes zu beobachten*. Dies ist besonders bei *Hysterischen durchaus notwendig*, um den ersten Zeichen abnormer Reaktion (Unruhe, Aufstoßen, Zuckungen, Weinen u.dgl.) sofort mit energischen Worten Ruhe und Wohlbehagen zu befehlen oder die Hypnose aufzuheben, und muß das gleiche geschehen, wenn, wie Hirt sehr richtig bemerkt, Zeichen von subjektivem Unbehagen, wahrscheinlich durch Hirnanämie hervorgerufen, auftreten, das Gesicht blaß, Atmung und Puls unregelmäßig werden.» «Dies kommt wohl nur», sagt Grossmann, dem wir uns völlig anschließen, in einer Fußnote zu Corvals Ausführungen, «bei sehr ängstlichen Patienten vor»; bei genügender Vorbereitung werden derartige Erscheinungen nicht beobachtet, deren energische, euphorisierende Suggestion übrigens schnell Herr werden. Ich habe Corvals Ausführungen, trotz zahlreicher stilistischer Härten und ohne seinen theoretischen Ausführungen beizustimmen, angeführt, weil sie sehr anschaulich sind.

Sehr reich an kleinen Technizismen ist Grossmanns Methodik:

«Zunächst suggeriere ich dem Patienten die Suggestibilität. Dem Skeptiker begegne ich am besten durch folgendes kleine Experiment: Ich sage ihm, daß ich, was er kaum glauben werde, mit meinem Finger auf seine Conjunctiva bulbi drücken würde, ohne daß er auf diesen Eingriff mit einem reflektorischen Lidschluß, also mit Zwinkern, reagieren würde. Das Experiment gelingt fast immer, da ja ... die Conjunctiva bulbi fast bei allen Menschen zumal bei gleichzeitigem Fixieren auf die diesbezügliche Suggestion anästhetisch wird.[4] Die gelungene Suggestion erhöht die Suggestibilität oft schon so sehr, daß der einfache, sofort erfolgende Schlafbefehl genügt, um sofortige Hypnose eintreten zu lassen. Im anderen Falle lasse ich den auf einem Fauteuil nicht angelehnt sitzenden, oder noch besser auf einem Diwan in halb sitzender, halb liegender Stellung befindlichen Patienten mich einige Sekunden fest fixieren. Ich suggeriere ihm nun, daß ein Gefühl der Wärme seine Glieder durchziehe, daß vor allem seine Arme, die auf den Knien aufliegen, bleischwer würden. Bei diesen Worten hebe ich diese, sie bei den Handgelenken erfassend, ein wenig in die Höhe und lasse sie mit einem leichten Ruck meiner Hände plötzlich fallen. Sie fallen anscheinend bleischwer auf den Knien auf, der Patient hat tatsächlich das Gefühl außerordentlicher Müdigkeit in seinen Armen, wie es mir fast allseitig bestätigt worden ist. Nun kommt, wenn ich noch nicht den etwas starren Ausdruck im Blick, das nur wenige Sekunden anhaltende Anzeichen dafür, daß der Schlafbefehl Erfolg haben dürfte, bemerke, der Haupttrick. Ich bitte den Patienten, seine Augen zu schließen oder schließe sie ihm schnell selbst, ergreife seine Handgelenke bei rechtwinklig nach oben flektierten Unterarmen und suggeriere, daß er so müde würde, daß er sich nicht mehr aufrechterhalten könne, vielmehr unbedingt hintüber falle. Dabei drücke ich ihm selbst mit minimalen Rucken allmählich hintüber, bis er mit dem Kopf an der Fauteuillehne angelangt ist, und erteile, wenn überhaupt noch nötig, den Schlafbefehl.

Wie mir von meinen Patienten versichert wird, wird so ein unbezwingliches Müdigkeitsgefühl erzeugt, wohl basierend auf einem leichten Schwindelgefühl, von dessen Eintreten sich ein jeder leicht überzeugen kann, wenn er in sitzender Stellung bei geschlossenen Augen sich selbst langsam ziemlich tief hintüberlegt.

Der Vorgang muß sich natürlich in wenigen, längstens 6–10 Sekunden abgespielt haben und erfordert allerdings einige Übung. Ich hoffe mit der Mitteilung dieser Methode gerade den Anfängern in der Hypnotisationspraxis unter den Kollegen einen Dienst zu erweisen. Sie wird ihnen das Hypnotisieren sehr erleichtern. Ich will daran noch einige weitere Verhaltungsmaßregeln knüpfen, die sich mir und anderen beim Hypnotisieren bestens bewährt haben. Mißlingt der erste Versuch, so lasse man sich nicht abschrecken, man wiederhole ihn vielmehr sofort, eventuell mehrere Male. Kommt man nicht ans Ziel, so lasse man den Patienten die Augen schließen und mache einige Minuten Passes mit der flachen Hand, die man in nicht zu schnellem rhythmischen Tempo von der Stirn bis etwa zum Epigastrium führt (Wetterstrand). Oder aber man braucht den Rifatschen Trick. Man träufelt wenige Tropfen (2–3) Chloroform auf eine Maske und hält sie vor das Gesicht des Patienten, indem man ihm suggeriert, man chloroformiere ihn, gieße eventuell noch 1–2 Tropfen nach. Ein weiterer Trick, der mir sehr häufig gelingt, ist der, daß ich einfach meine nicht parfümierte Hand dem Patienten vor die Nase (bei geschlossenen Augen natürlich) halte und irgendein Odeur,

---

4 Echte Skeptiker wiederholen allerdings bald selbst den Versuch und «können es auch»; will man den Trick aufrechterhalten, so empfiehlt sich, nun mit Suggestion die Conjunctiva bulbi, *ohne* Suggestion die Cornea zu berühren; im allgemeinen sind aber derartige blenderische Kunststückchen dem Ansehen des Arztes nicht förderlich.

am besten Veilchengeruch, suggeriere, welcher allmählich stärker, schließlich betäubend würde und ihn einschläfere.»

«Bleibt der Patient dann noch immer refraktär, selbst wenn ich ihm einige andere vorhypnotisiert habe, dann bitte ich ihn, sich einfach nochmals einem Versuche zu unterziehen und suggeriere ihm, sofern dieser wieder erfolglos bleibt, daß er, allerdings leicht und für das erste Mal genügend tief hypnotisiert sei (Bernheim). Wir wissen ja, daß die Wachsuggestion bei geschlossenen Augen auch Chancen hat, und falls sich dann auch nur eine therapeutische erfüllt hat, genügt dies, um die Suggestibilität gewöhnlich so zu steigern, daß man in längstens einigen Tagen bis auf sehr seltene Fälle zu einer wirklichen und hinreichend tiefen Hypnose gelangt».

Den zweiten Grossmannschen Trick, das Erheben und ruckweise Fallenlassen der Arme, kann ich nach ausgedehnter Erfahrung sehr empfehlen; man überzeuge sich nur vorher durch leichte passive Bewegungen der Arme des Kranken, ob diese wirklich ganz erschlafft sind. Besteht aus irgendeinem Grunde bereits eine gewisse Spannung der Muskulatur, so fallen die Arme natürlich nicht «bleischwer» nieder und die entsprechende Suggestion bleibt wertlos. Im anderen Falle stellt sie eine Demonstration der *«initialen Hypotonie»* (J.H. Schultz) dar. Einen ähnlichen Effekt, wie ihn Grossmann durch das unmerkliche Neigen des Patienten erzielt, erhält man in vielleicht etwas bequemerer Weise dadurch, daß man bei dem sitzenden Patienten unter ähnlichen Worten wie «jetzt wird Ihnen etwas schwindlig, Ihr Kopf wird ganz schwer, sinkt ganz willenlos hintenüber», mit der bereits vorher auf die Stirn des Patienten gelegten Hand den Kopf unmerklich «gleitend» nach hintenüberlegt, bis er an einer Stütze (Wand, Sessellehne) aufliegt. Die Augen des Patienten sind hierbei geschlossen. Ich sah häufig bei dieser im Prinzip der Grossmannschen identischen, sehr einfachen Maßnahme augenblicklich Somnambulismus auftreten, während mit reiner Verbalsuggestion nur Hypotaxie, ja vielleicht nur Somnolenz zu erzielen war. Selbstverständlich sind alle derartigen Unterstützungsmittel der Verbalsuggestion sehr wesentlich Geschmacksachen; ich vertrete persönlich den Standpunkt, daß *das ideale Vorgehen die reine Verbalsuggestion ist, ohne Fixieren, ohne alle Tricks.* Diesen Standpunkt teilen aber gerade viele Patienten nicht; sie verlangen – trotz Aufklärung! – oft wohl nur unbewußt, daß irgend etwas mit ihnen geschieht, und für derartige Fälle möchte ich die Hilfshandgriffe reserviert wissen. In diesem Sinne ist auch die Heranziehung elektrotherapeutischer Prozeduren «zur Erleichterung der Hypnose» aufzufassen; Influenzelektrizität, Galvanisieren und Faradisieren sind empfohlen, in rein suggestiver Absicht namentlich von Ranschburg, der faradische Pinselungen der Schläfen vornahm, und Hartenburg, *der ohne Einschaltung des Stromes* «scheinfaradisiert» und damit gute Erfolge hat. Jede andere indifferente Prozedur kann, in autoritativer Weise benutzt, den gleichen Effekt haben, so Pilulae micae panis, Tinctura amara, Hydrotherapie, Massage usw.; dem eigentlichen Prinzip der Psychotherapie, nämlich den Patienten über die *psychische Bedingtheit seines Leidens bzw. eines Teiles seiner Beschwerden und deren rein psychische Beeinflußbarkeit aufzuklären ...*, wird man so weniger gerecht. Nur allzu leicht wird autosuggestiv dann die Medikation, der therapeutische Hilfshandgriff oder auch die Hypnose selbst für den Patienten zur allein wirksamen Abhilfe, zum Wesentlichen. *Das muß vermieden werden, wenn es die Intelligenz des Patienten irgend erlaubt.*

Nach dieser Abschweifung wenden wir uns zu einer weiteren Modifikation, der von Loewenfeld angegebenen. Loewenfeld nahm Anstoß daran, allzusehr die lokalisierten Ermüdungserscheinungen in den Vordergrund zu stellen, besonders bei Ermüdungserscheinungen des Auges. Er empfiehlt daher, zunächst reichlich Allgemeinsuggestion der Ruhe, des Seelenfriedens, der Lösung, des Wohlbehagens zu geben. Um ihnen den Boden vorzubereiten, läßt er den Patienten in bequemer Stellung während einiger Minuten von 1–100 langsam zählen. Nun folgen reichlich die erwähnten Allgemeinsuggestionen, und erst nach breiter Ausführung dieser werden die bekannten speziellen Ermüdungserscheinungen bzw. Schlafteilsymptome suggeriert, speziell an den Augenmuskeln. Großen Wert legt Loewenfeld den passes zur Unterstützung bei, deren rein somatisch-nervöse Wirksamkeit er betont. Das Loewenfeldsche Verfahren ist seiner schonenden, feinfühligen Manier wegen besonders bei Gebildeten empfehlenswert. Daß eine ungeschickte, der Person des Kranken nicht angepaßte, namentlich oft allzu ausführliche Schilderung der Schlafsymptome das Einschlafen hindern kann, ist eine häufige Erfahrung. Auch dies wünscht Loewenfeld mit seiner Methode zu vermeiden, die auch von Beginn an mit geschlossenen Augen verlaufen kann.

Den störenden Einfluß komplizierter Ausdrücke heben von Straaten und Marcinowski in ihren Selbstbeobachtungen hervor.

Beachtenswert sind ferner Gersters Vorschläge (bei Charcot ausgebildet):

«Sehr wichtig ist es, den ersten Versuch zur Hypnose nur zu unternehmen, wenn der Patient in geeigneter (suggestibler) Stimmung ist. Erregbaren Naturen und solchen, die in höchster Spannung der Dinge warten, die da kommen sollen, suggeriere ich in der ersten Sitzung selten Schlaf, da sie durch allzu gespannte Aufmerksamkeit auf die ihnen ungewohnte Situation verhindert sind, die gegebenen Ideen plastisch umzusetzen, d. h. die Allosuggestion in Autosuggestion zu übertragen. Ich begnüge mich damit, sie bequem zu lagern und ihnen zu empfehlen, eine Zeitlang mit geschlossenen Augen bewegungslos liegen zu bleiben, während ich die Hand auf ihren Kopf lege oder «mesmerische» Striche mache. Haben sie sich einmal an die fremdartige Situation gewöhnt, so kann später die Schlafsuggestion und die therapeutische Suggestion dazukommen. Hat man sich einmal eine suggestive Atmosphäre à la Nancy geschaffen, so kann man natürlich viel rascher vorgehen. Bringt der Patient keine suggestible Stimmung mit, und bleibt er beim erstenmal der Schlafsuggestion gegenüber unempfindlich, so setzt sich nur allzu leicht die Autosuggestion in ihm fest, daß ihm der betreffende Hypnotiseur oder die Suggestion überhaupt nichts ankönne. Man quält sich dann vergeblich mit ihm ab und registriert ihn allenfalls als schwer oder gar nicht hypnotisierbar, während er bei irgendeiner Gelegenheit oder einem anderen Hypnotiseur rasch in hypnotischen Schlaf verfällt. Hysterische kommen bei den ersten Versuchen zur Hypnose leicht in Krämpfe, und es ist oft ein sehr langsames Vorgehen nötig, in anderen Fällen ein rasches; Erfahrung und Takt müssen hier entscheiden.»

Brügelmann, der übrigens die Lehre vom direkten seelischen Rapport vertrat und daher Konzentration des Hypnotisierenden verlangt, berichtet: «Ich

komme durchweg mit dem leichten Druck auf die Bulbi und der Schlafsuggestion aus. Nur ganz vereinzelt habe ich den Reflektor meiner Arbeitslampe zu
Hilfe genommen, halte aber einige Passes auch für durchaus beruhigend und
die Suggestion unterstützend.»

Die Zahl verschiedener kleiner technischer Unterschiede und Ratschläge
ließe sich leicht ins Ungemessene vermehren. Ein paar Punkte, deren Beachtung sich mir selbst als sehr vorteilhaft erwiesen hat, möchte ich ohne jeden
Anspruch darauf, damit etwas Neues zu bringen, noch kurz erwähnen.

So ist es sehr zweckmäßig, eine Zeitlang die Aufmerksamkeit auf die Atmung zu lenken, indem man zu gleicher Zeit die Anweisung gibt, ruhig und
tief zu atmen. Betontes Parallel-Tief-Atmen mit V. P. empfiehlt Berthold Stokvis. Zu empfehlen sind ferner folgende Wendungen: «Tun Sie nichts, unternehmen Sie nichts, erwarten Sie nichts, verhalten Sie sich völlig passiv! Suchen
Sie nichts willkürlich herbeizuführen, warten Sie einfach ab, alles entwickelt
sich ganz von selbst, Sie hören mich fortdauernd ruhig und langsam sprechen,
das Sprechen stört Sie gar nicht. Sie geben einfach weiter nach, Sie hören mich
auch ruhig sprechen, wenn der Schlaf tiefer wird.»

Zweckmäßig ist weiter, für die Realisierung der Suggestion den Zeitpunkt
anzugeben, eventuell die Wirkung des Wortes durch leichte Sinnesreize zu
verstärken, z.B. läßt man die Augen schließen, schildert allgemeine Müdigkeit
und fährt dann fort: «Jetzt fühlen Sie ein gewisses Schweregefühl in den
Beinen», was man eventuell durch einen leichten Druck auf die Oberschenkel
unterstützt, um dann die lose erhobenen Hände auf beide Arme des Patienten
zu legen mit den Worten: «Jetzt werden Ihre Arme ganz schwer» und dann die
Suggestion im Gebiet der Augenmuskeln anzuschließen. Einen derartigen
Gang der Einschläferung mit denselben suggestiven Hilfen kann man mehrfach wiederholen, indem man das Schweregefühl stärker werden läßt. Dazwi-
schen erfolgen dauernd allgemeine, euphorisierende und beruhigende Suggestionen und die Wiederholung der Versicherung: «Sie hören mich dauernd
deutlich sprechen.»

Ein derartig langsames, jeden Zwang vermeidendes Vorgehen läßt nie den
Rapport verlieren und gestattet in der sehr großen Mehrzahl der Fälle die
Herbeiführung einer beliebig tiefen Hypnose. Den passiven Augenschluß beim
sperrenden Patienten führt man zweckmäßig so herbei, daß man die Hand
von oben langsam über seine Stirn gleiten läßt und dann je einen Finger der
gespreizten Hand auf ein Oberaugenlid legt und mit leichtem, gleichmäßigem
Druck die Augen schließt. Unterstützend wirkt es oft, die Hypnose bis zum
Augenschluß im Hellen vorzunehmen und nun geräuschlos zu verdunkeln
oder abzublenden. Daß die Suggestion von Bewegungen der Glieder des Patienten ohne dessen Willen von großem suggestiven Einfluß ist, versteht sich
von selbst. «Ihr Kopf ist ganz schwer, sinkt nach links» und gleichmäßig ohne
Zutun oder Widerstreben sinkt er nach der befohlenen Seite (Vgl. neuerdings
Erickson, S. 29).

«Passive» und «aktive» Katalepsie...

Das erste objektive, bei Hypnose und autogenem Training nie fehlende Symptom für V. L. ist die *passive Katalepsie* in unserem Sinne (J.H. Schultz). Es wird mehrfach die Einstellung («Suggestion») gegeben: «Der linke (rechte) Arm ist ganz steif! Sie tun nichts! Alles geschieht von selbst! Der Arm ist ganz steif...» und nun wird der Oberarm vorsichtig mit einer Hand fixiert «ich nehme jetzt Ihren Oberarm» und der Unterarm *ganz allmählich, gleitend, ohne jeden Ruck*, aber mit immer mehr ganz einschleichend wachsender Kraft mit der anderen Hand ergriffen und gebeugt. Bei jeder auch beginnenden Hypnose («erster, zweiter Grad») begegnet der Beugungsversuch einem deutlichen, oft, besonders bei muskulösen V. P., so enormen Widerstande, daß eine Beugung unmöglich ist. V. P. *hat von dieser Leistung keinerlei subjektive Wahrnehmung!* Sie spielt daher für die Demonstration an die V. P. keinerlei Rolle, ist aber, als der Kontrolle der V. P. entzogen, ein besonders wichtiges Diagnostikum für die beginnende Umschaltung, die sie in 100% der Fälle begleitet.

Als *«aktive Katalepsie»* bezeichnen wir dagegen den Versuch, den Arm der V. P. anzuheben, am besten mit leicht streckendem Zuge in der Schulter, ein paar aktivierende und anregende passes zu erteilen und nun einzustellen: «Arm ist ganz steif! Sie können ihn nicht bewegen! Versuchen Sie es...» (mehrfach wiederholt). Bleibt der Arm losgelassen stehen, so sehen wir oft V. P. sich vergeblich bemühen, ihn zu beugen, wobei sehr verschiedene subjektive Erlebnisse ablaufen. Fühlt V. L., daß der Arm beim Loslassen in der Schulter sinkt, so kann eine leichte Unterstützung anhalten, und oft ist V. P. auch, ohne den Arm selbst in der Schulter zu halten, unfähig, im Ellenbogen zu beugen trotz sichtlicher Bemühung. Dieses Experiment ist bei durchschnittlichen V. P. nur in 50% positiv, dann aber auch für V. P. sehr eindrucksvoll und überzeugend. Ebenso Nadelstich Hyp- oder Analgesie bis zu völligem Funktionswandel.

Fügt V. L. im Verlaufe der Sitzung, ohne die Monotonie des Sprechens zu ändern, völlig sinnlose Worte ein, so ist V. P. oft nicht in der Lage, dies nachher zu berichten (Nichtapperzepieren, Amnesie usw.). Provokation von Bilderleben: «Sehen Sie in das Augendunkel... Schauen Sie ruhig in die geschlossenen Augen... es entwickelt sich ein Bild...!» kann sehr wesentliches Erinnerungs- und Symbolerleben anregen, das aber nur von dem in spezieller (analytischer) Psychotherapie ausreichend Ausgebildeten gefahrlos der V. P. gegenüber verwertet werden kann.

Wünscht V. L. direkte Mitteilungen von V. P. in der Hypnose, so wird eingestellt: «Sie können sprechen... das stört Sie nicht... der Zustand entwickelt sich weiter... Sie können sprechen... Sprechen Sie!... Sprechen Sie!... usw.» Meist ist das Reden etwas leiser und monotoner; oft geben V. P. an, erst gegen einen gewissen inneren Widerstand (der Passivierung) haben kämpfen zu müssen. Schon bei den Ersthypnosen sollen alle Einstellungen mehrfach gleichförmig, monoton wiederholt werden, wodurch das «einschläfernde» Monotonieerleben verstärkt wird; etwa 3- bis 6mal, je nach Empfänglichkeit. Ebenso wenn aus irgendeinem Grund (Operation) eine größere Vertiefung erwünscht ist. Bei Primitiven geht dies am besten durch aktive Überrumpelung (Faszination, Sinneshilfen usw.); der Differenzierte wird am sachgemäßesten im Erleben seiner Seh-, Hör- oder Rhythmenbilder immer mehr in die «andere Realität» hinüber begleitet, wobei allgemein «auflösende» Formeln: «Nichts tun ... nichts denken ... nichts erwarten ... alles geschieht von selbst ... nichts wollen ... nicht sich bemühen ... ganz geschehenlassen ... treibenlassen ... Gedanken gehen durcheinander ... nur schauen ... usw.» dienlich sein. Eigentliches Reden von «Schlaf» oder «Einschlafen» führt leicht zu Protesthaltungen.

Fraktionierte Methode

Sehr zweckmäßig ist es, besonders bei Gebildeten, in Erstversuchen der Hypnotisierung den Kranken verschiedentlich zu wecken, genau über seine Eigenbeobachtungen berichten zu lassen und dann unter Benutzung seiner Schlafgewohnheiten wieder einzuschläfern. Dies Verfahren, das schon verschiedentlich als Unterstützung benutzt wurde, so von Wetterstrand, Corval, Forel, Loewenfeld u. a., ist von O. Vogt systematisch ausgearbeitet und als *fraktionierte Methode»* bezeichnet. Ihre Anwendung erhellt am besten aus Beispielen, die ich der erwähnten Brodmannschen Darstellung entnehme. Der Terminus «Stirnhand» bedeutet, daß der Arzt die Hand auf die Stirn des Patienten legt, um die entstehenden Druck- und Wärmeempfindungen bei Einleitung der Hypnose zu benützen.

«Paul Sch., 21 Jahre alt, Goldschmied, leidet seit einem Eisenbahnunfall, bei dem er mit dem Schrecken und einer Ohnmacht davongekommen war, an einer Unsumme von Beschwerden. Hauptklagen: Große Schwäche und Mattigkeit, Schwindel, Zittern und Taubsein der Glieder, Stechen im Vorderkopf, dumpfer Schmerz im Hinterkopf, Brennen in den Augen, Appetitlosigkeit, Übelkeit, Schlaflosigkeit, Angstträume, Beklemmungen, große Reizbarkeit, Mißmut, gedrückte Stimmung. Er ist seit dem Unfall absolut arbeitsunfähig.

1. Sitzung: A. 25.VII. 1896. Anwesend Dr. Vogt, Dr. van Renterghem und ich. Vorbereitung wie üblich.

1. Hypnose. Rückenlage auf Hypnosebett, nicht verdunkeltes Zimmer. Stirnhand. Dr. V.: «Sehen Sie mir fest und ruhig in die Augen. – Ich lege Ihnen die Hand auf die Stirne, dann geht die Wärme meiner Hand auf Ihren Kopf über.» – «Ja.» – «Die Wärme breitet sich allmählich aus unter meinen Fingern und geht auf die Augen über ... fühlen Sie das?» – «Ja» (zögernd). – «Die Wärme läßt jetzt ein Gefühl der Schwere entstehen, Sie fühlen, wie die Wärme auf die Augen übergeht und die Augen schwer macht ... Das wird ganz deutlich ... Sie fühlen das jetzt!» – «Ja» (Patient schließt die Augen von selbst). – «Nun wird Ihnen recht angenehm, Sie fühlen, wie mit dem Augenschluß Ruhe in Ihren Körper kommt, – ... (längere Ruhepause) ... – nun wecke ich Sie nochmals auf und nachher kommen Sie tiefer hinein – 1, 2, 3, Wach!» – Auf Befragen: «Die Augen sind mir schwer geworden und gingen von selbst zu.» – «Nun werden sie sogleich tiefer in die Hypnose kommen und wirklich einschlafen.»

2. *Hypnose.* Stirnhand, kurzes Fixieren: «Die Augen fallen jetzt schneller zu... es kommt ein Krampf in die Lider (Lidschluß)... es wird Ihnen duselig im Kopf... die Gedanken gehen durcheinander... es kommt Schlaf über Sie... immer mehr... die Glieder werden so schwer... der Körper wird warm... Sie schlafen tief ein» – Pause. Stirnhand abgenommen. Der rechte Arm wird hochgehoben und fällt schlaff herunter. – «Nun hebe ich den Arm wieder hoch» – V. tut es und streicht dabei von unten nach oben, indem er gleichzeitig an den Fingerspitzen den Arm in die Höhe zieht; unter den Streichungen tritt starre passive Katalepsie des hochgehobenen Armes ein... «Wenn ich den Arm jetzt anblase, fällt er wieder sachte herunter (realisiert) und ist nicht mehr steif. –... Schlafen Sie nun weiter und kümmern Sie sich um gar nichts, – die Augen bleiben zu.» – Während einer längeren Unterredung zwischen den Anwesenden bleibt Patient völlig regungslos liegen, er atmet tief und regelmäßig. – Nach etwa 5 Minuten – «Haben Sie gehört, was gesprochen wurde?» – Keine Antwort – «Sie können alles hören (Stirnhand) und können auch antworten. – Schlafen Sie ruhig weiter. – Was haben Sie gehört?» – «Ich habe sprechen hören, wie ein Gemurmel, aber was, weiß ich nicht.» – «Nun schlafen Sie weiter... Sie können alles tun im Schlafe, was Ihnen der Arzt sagt, – sprechen und gehen, Sie dürfen auch die Augen öffnen und schlafen doch weiter... öffnen Sie die Augen und stehen Sie auf... Sie bleiben dabei im Schlafe (wird realisiert)... Nun gehen Sie vorwärts zur Türe, Sie können ganz gut gehen, ohne aufzuwachen... Herr Doktor wird mit Ihnen in ein anderes Zimmer gehen, dort schlafen Sie, bis Sie geweckt werden.» – Patient wird hinausgeleitet, wandert durch einen langen Korridor, legt sich in einem anderen Zimmer auf suggestives Geheiß wieder nieder und schließt auf Suggestion die Augen. Er wird zwei Stunden sich selbst überlassen und dann aufgeweckt: «Nun haben Sie ausgeschlafen... der Schlaf hat Ihnen gut getan. Sie fühlen sich frischer und wohler; Sie werden täglich in derselben Weise mehrere Stunden schlafen... dadurch wieder einen gesunden Nachtschlaf bekommen und so gesund werden... Haben Sie verstanden?» – «Ja.» – «Ich zähle bis 3, dann sind Sie wieder ganz wach und frisch... der Kopf ist frei von Schmerzen... 1, 2, 3.» Patient schlägt die Augen auf und findet sich erst gar nicht zurecht. Es besteht Amnesie für alle Vorkommnisse, er weiß nicht, wie er in dieses Zimmer gekommen und ob er überhaupt geschlafen hat, oder was mit ihm vorgefallen ist. Subjektiv fühlt er sich wesentlich erleichtert, der Kopfschmerz ist geschwunden.»

Brodmann gibt dann eine ausführliche Darstellung der Psychogenese dieser Hypnosen, auf die ich hiermit verweise[5], und berichtet, daß derselbe Patient am nächsten Tage auf die einfache Verbalsuggestion «Sie schlafen wieder ein», kurzes Fixieren und Handauflegen sofort wieder in die tiefe Hypnose kommt, aus der er eine posthypnotische Suggestion realisiert.

Affektstarke Angstvorstellung...

Gegenüber diesem sehr suggestiblen Kranken (einer «traumatischen Neurose»!!) gibt das folgende Beispiel Brodmanns die Schilderung der allmählichen Hypnotisierung einer Hysteria gravis polysymptomatischen Charakters.

I. Sitzung. A. 20.V. 1896, 5 Uhr nachmittags. Anwesend Dr. Vogt und ich. Patientin liegt auf einer Chaiselongue, zeigt große Unruhe und Ängstlichkeit, zuckt von Zeit zu

---

5 Zeitschrift für Hypnotismus X, 1092, S. 326ff.

Zeit am ganzen Körper krampfhaft zusammen und wirft sich jeden Augenblick hin und her.

1. Versuch: Dr. V. ohne Händeauflegen. «Legen Sie sich ganz bequem ... Sie können ganz ruhig liegen ... immer länger werden Sie liegen können, ohne sich herumwerfen zu müssen ... versuchen Sie es einen Augenblick ... so ... es geht ganz schön ... nun ist es fertig ...» Dauer wenige Sekunden. «Sehen Sie, es wird schon gehen, haben Sie nur Mut und Vertrauen.»

2. Versuch: «Es geht schon besser ... Es kommt keine Aufregung und Unruhe mehr über Sie ... immer ruhiger werden Sie.» Patientin zuckt wieder angstvoll zusammen, bedeckt die Hände mit dem Gesicht[6] und wendet sich ab. «Liegen Sie ganz ruhig, es wird schon gehen ... Sagen Sie sich selbst innerlich vor, daß Sie ruhiger werden ... die Ruhe wird immer länger ... – Schluß –». Dauer einige Sekunden.

3. Versuch: «Diesmal werden Sie noch länger ruhig liegen können ... es gelingt Ihnen schon besser ... keine Angst haben ... so recht ruhig bleiben ... (wiederholtes Aufstehen). Schluß.» Dauer wie vorhin.

4. Versuch: «Wir werden es nochmals versuchen, es wird schon besser gehen ... Liegen Sie wieder ruhig und schauen Sie mich an ... nur einen Augenblick ... so ... immer länger wird die Ruhe dann, ... immer länger und tiefer ... sprechen Sie innerlich nach. Sie werden ganz zur Ruhe kommen, schauen Sie mich fest an ... es gelingt schon.» Sie wird plötzlich erregter, erklärt, es gehe heute nicht. Die Sitzung wird abgebrochen.

II. Sitzung. A. 21.V. 1896. Dieselben äußeren Verhältnisse. Ohne Fixieren.

1. Versuch. «Sie sollen nicht schlafen, Sie sollen nur ruhig werden, ...es wird Ihnen immer leichter werden, ruhig zu sein, mit der Zeit kommen Sie dann tiefer hinein ... so, nun sehen Sie, wie es schon geht ... immer besser lernen Sie sich beherrschen, die Aufregung hört auf und diese Zuckungen lassen nach ... so, es geht ganz gut ... nun dürfen Sie sich bewegen.»

2. Versuch: «Wieder versuchen, Ruhe zu halten ... es geht immer leichter, die Spannung läßt nach ... es kommt allmählich Müdigkeit über Sie ... so, das wird sich steigern, Sie werden ganz müde ... ganz müde und ruhig ... (Pause von 10 Sekunden). Schluß.»

3. Versuch: «Nun wird es immer weiter gehen ... die Glieder werden ruhiger, es kommt Schwere in die Glieder und Schwere in die Augen ... die Augen werden müde, fühlen Sie das? ... «Nein, ich fühle gar nichts, ich bin so aufgeregt» – «Sie können doch immer längere Zeit ruhig liegen, die Aufregungen werden seltener, sie werden bald ganz fortbleiben, so daß Sie schlafen werden.»

4. Versuch. Suggestion wie oben, Ruhe und große Beherrschung. Schwere der Augenlider und der Glieder. Müdigkeit. Unterbrechung der Sitzung nach 5 Minuten mit der Versicherung, daß es von Tag zu Tag besser gelingen werde. Einen Einfluß hat die Patientin noch nicht gespürt.

III. Sitzung. 22.V. Wie oben ganz kurze Einzelversuche, durch Pausen unterbrochen, die Suggestionen werden spärlicher gegeben und folgen sich in längeren Zwischenräumen.

1. Versuch. Suggestionen der Ruhe und Müdigkeit der Augen.

2. Versuch. Dasselbe: Ruhe, Müdigkeit, «die Augen werden müde und sich bald von selbst schließen».

---

6 Soll wohl umgekehrt heißen (Schultz).

3. Versuch. Immer mehr Ruhegefühl, Müdigkeit des Körpers, «atmen Sie ganz regelmäßig und tief» (30 Sekunden Pause) – «die Ruhe hält immer länger vor – es wird Ihnen angenehm.» – «Sind Sie schon müde?» «Nein, ich fühle nichts.»

4. Versuch. «Schließen Sie die Augen von selbst... Sie werden dann noch ruhiger (Pause bei geschlossenen Augen). Öffnen Sie die Augen wieder und atmen Sie ruhig und tief dabei, dann werden Sie nicht ängstlich werden... so, keine Aufregung» ...(Augenöffnen, Pause). – Patientin verhält sich ruhig, die Augen fallen wieder von selbst zu. – «Sind Sie müde geworden?» «Nein.» – «Dann kommt jetzt mit der Ruhe immer deutlicher auch Müdigkeit... die Aufregung schwindet immer mehr, atmen Sie gleichmäßig tief.» – Pause 20 Sekunden. Plötzliches angstvolles Aufsehen mit Gesichtsverzerren. Ablenkung durch einfache Fragen aus der Pflanzenphysiologie. Mehrere Minuten Ruhe, dann wieder plötzliches Zukneifen der Augen und Erregung.

5. Versuch. Es wird versucht, das Entstehen des Wärmegefühls und den Augenschluß durch Auflegen der Hand auf die Stirn zu unterstützen usw.»

Dies führt zu keinem Ergebnis; erst in der XI. Sitzung, nachdem vorher Sitzungen bis zu 11 ausgedehnten Versuchen stattfanden, wird Hypnose erreicht, in der XIV. tiefe. Die ersten, oben wiedergegebenen Sitzungen führten nur zu einer gewissen Beruhigung; der Versuch von Vogt, die Hand auf die Stirn zu legen, führt nur einen Rückschritt herbei, während Brodmanns «Stirnhand» sofort akzeptiert wird. Als Hemmung ergab sich endlich, daß anfangs starke Angst vor dem Hypnotisieren («affektstarke Suggestion») und ein gewisses Vorurteil gegen Dr. Vogt bestand, dessen Berührung die Kranke deshalb nicht zuließ.

«In den folgenden Hypnosen», sagt Brodmann epikritisch, «kämpfte sie nun ständig mit der Angst, daß sie einschlafen könnte, und kam daher nie in tiefe Hypnose. Schließlich gewann die affektstarke Angstvorstellung, sie könnte einschlafen, eine solche Gewalt, daß sie nicht mehr hemmend, sondern direkt bahnend auf die Schlafvorstellung wirkte, und nunmehr kam es zu einem abnorm tiefen Schlaf (Lethargus) mit Verlust des Rapportes. Von da an war aber auch infolge des einmaligen Schlafes die Angsthemmung beseitigt, und es stand der zweiten Verwirklichung der Schlafsuggestion nichts mehr im Wege.» Ich lasse noch die Protokolle der letzten entscheidenden Sitzungen folgen: Bis zur X. Sitzung trat stets ein Ruhezustand, aber mit dem Gefühl der Aktivität, oft noch starke aktive Kontraktion der Stirnmuskeln, vorübergehendes Verzerren des Gesichtes und leichter universeller Tremor auf: «Ich muß mich zusammennehmen, ...aber es ist mir nicht unangenehm.» In der XI.–XIII. Hypnose wird bei täglich zweimal vorgenommener Behandlung jeweils auf kurze Zeit derselbe Zustand passiver Ruhe erreicht, der gelegentlich durch schreckhaftes Zusammenfahren gestört wird; tiefere Grade der Hypnose werden nicht erreicht. Die Entscheidung bringt die

XIV. Sitzung. Hypnotisieren, nach demselben Verfahren wie bisher... Patientin bleibt heute einige Zeit allein liegen, nachdem Dr. V. wieder in das Zimmer zurückkommt, ist sie eingeschlafen. Der Schlaf ist so tief, daß ein Rapport nicht mehr besteht und daher das Aufwecken nicht ohne weiteres gelingt. Patientin erhält unter sanften Streichungen der Stirne die Suggestion, daß sie ruhig weiterschlafen und durch nichts gestört werde; sobald sie sich wohl fühle, werde sie von selbst aufwachen; dieselben Suggestionen werden noch öfters wiederholt. Patientin liegt dabei völlig reaktionslos; nachdem der Schlaf etwa drei Stunden gedauert, schlägt sie spontan die Augen auf und erwacht. Es besteht absolute Amnesie auch für die ungefähre Dauer des Schlafes.

Von dieser Sitzung an tritt sodann in jeder folgenden Hypnose ein mehr oder weniger tiefer Schlaf ein, so daß aber jetzt das Rapportverhältnis verlorengeht, die

Hypnosen nehmen vielmehr einen normalen Verlauf und werden im Sinne eines protrahierten Schlafes angewandt.»

Die angeführten Beispiele der *Herbeiführung* der Hypnose genügen, um zu zeigen, daß hier ein völlig individuelles, technisch nach Bedarf wechselndes Vorgehen notwendig ist, sowohl nach Art und Reaktion des Kranken als nach Neigung und Gewohnheit des Arztes. «Viele Wege führen nach Rom», sagt Moll in dieser Beziehung.

Aufhebung des hypnotischen Zustandes

Die Aufhebung des hypnotischen Zustandes macht, wenn der Rapport sorgfältig gewahrt bleibt und die Einschläferung schonend erfolgte, meist keinerlei Schwierigkeiten. In Übereinstimmung mit der Mehrzahl der erfahrenen Hypnotisten empfehle ich, namentlich nach Ersthypnosen, ein sehr sorgfältiges Vorgehen. In der Weckformel muß jede vorher gegebene Müdigkeitssuggestion speziell und sorgfältig zurückgenommen werden. Folgender Modus ist vorteilhaft:

«Sie hören mich fortdauernd ruhig und gleichmäßig sprechen, geben Sie ruhig nach, Sie fühlen sich völlig wohl und ruhig. Wir nehmen jetzt den Zustand zurück. Ich zähle bis 6, wenn ich 6 sage, fühlen Sie sich völlig frisch, wach und munter, kein Schwindel, kein eingenommener Kopf, keine Kopfschmerzen, keinerlei Unbehagen; auch keine Neigung, weiterzuschlafen oder wieder einzuschlafen. Ich fange jetzt an (deutlich, energisch, «kommandohaft»): 1! Die Beine werden leicht, ganz leicht stark und warm! 2! Die Arme auch, ganz kräftig und leicht! Arme fest beugen und strecken! 3! Der Kopf wird frei und leicht! 4! Atmen Sie tief! Der Schlaf wird immer leichter, Sie werden immer wacher. Der Kopf wird ganz frei und leicht und hell, Sie fühlen sich frisch und leicht. Wenn ich 6! sage, sind Sie völlig wach und munter» (wenn Amnesie erwünscht. «Sie wissen dann nur noch, daß Sie geschlafen haben, tief und fest und erholend geschlafen haben») «fühlen sich völlig frisch, erholt und munter, sind gar nicht mehr müde. 5! Jetzt sind Sie fast ganz wach und 6! Jetzt sind Sie ganz wach!»

Irgendwelche speziellen Suggestionen, wie Anästhesien, motorische Hemmungen, die zur Herbeiführung der Hypnose oder zu Demonstrationszwecken gegeben wurden, sind gleichfalls in ruhiger, bestimmter, ganz spezieller Form zurückzunehmen.

Das Erwachen erfolgt verschieden; bei öfter Hypnotisierten schnell und glatt. Hier sind auch die ganz detaillierten Suggestionen nicht erforderlich, es genügt die kurze bestimmte Suggestion des Wohlbefindens und eine knappe Termingebung des Erwachens. Bei Ersthypnotisierten stellt sich oft einige Minuten nach dem ruhig und beschwerdefrei erfolgten Erwachen nochmals ein Müdigkeitsgefühl ein. Man läßt dann den Kranken in liegender Stellung und bequemer Lage nochmals ohne besondere Suggestionen einschlafen und beliebig nachschlafen. Ist die Zeit aus äußeren Umständen beschränkt, so läßt man ihn mit der Suggestion, zu einem bestimmten Termin frisch aufzuwachen, nochmals 20–60 Minuten ausruhen. Dann erfolgt ausnahmslos glattes Erwachen.

Ebenso wie beim Einschläfern sind beim Wecken alle gewaltsamen Maßnahmen fehlerhaft; durch Anblasen, Ohrfeigen, Anschreien usw. zu wecken, ist schädlich.

Ist der Rapport scheinbar verloren, wie das bei spontan einsetzenden, tiefen Schlafzuständen (*Lethargus*) besonders Hysterischer und Erschöpfter vorkommen kann, so genügt nach meiner Erfahrung immer, sich somatisch, besonders durch Passes mit Hautberührung oder durch einfaches Handauflegen, mit dem Schlafenden in Fühlung zu setzen und in bestimmter Weise, aber flüsternd, das Erwachen nach einer gewissen Zeit in Aussicht zu stellen. Kurze euphorisierende Suggestionen werden dann ebenso prompt realisiert wie die «Terminsuggestion» des Aufwachens.

Mit den geschilderten Methoden des Weckens wird man in allen, mit denen des Einschläferns in fast allen Fällen Erfolg haben. Immerhin bleiben namentlich bei geringer Übung des Arztes manche Personen beim Einschläfern *refraktär*; in den zitierten Darstellungen der bekanntesten Methode finden sich bereits Bemerkungen darüber, wie sich der Arzt ihnen gegenüber zu verhalten hat, und der letztzitierte Fall von Brodmann und Vogt zeigt, daß auch hier Geduld und Konsequenz zum Ziele führen. Ob man dann «fraktioniert» arbeitet oder den Patienten mit vorbereitender Wachsuggestion zu einem anderen Tage wiederbestellt, ist eine Ermessensfrage.

Kurz zu erwähnen sind noch einige besondere Gründe des *refraktären Verhaltens* und ihre Behandlung. So kann, wie bereits Liébeault ausführlich erörtert, ein erster Hypnotisierungsversuch an psychogenen krampfhaften Erscheinungen scheitern; besonders berüchtigt sind Lachkrämpfe bei Hysterischen, die bei längerer Dauer auch auf den Arzt leicht den Eindruck des Auslachens machen. Gelingt es nicht, durch Ablenkung, Gespräch, Fragen u.dgl., den Zustand abzustellen, oder tritt er bei jedem Hypnotisierungsversuch wieder auf, so ist es zweckmäßig, eine längere Pause mit hypnotischen Versuchen zu machen oder, wenn man sehr viel Zeit und Geduld hat, das fraktionierte Verfahren anzuwenden. Ein kurz auftretendes Lachen ist sehr häufig zu beobachten und kann ebensowohl rein mechanisch bedingt, als der Ausdruck dafür sein, daß sich der zu Hypnotisierende selbst «komisch» vorkommt. V. L. ermutigt V. P., dem Lachen ruhig Lauf zu lassen, «Lachen ist ganz gleichgültig», damit Unterdrückungsspannungen vermieden werden.

Ähnlich verhält man sich bei Weinkrämpfen, Hautjucken, Ruktus usw., die im Beginn der Hypnose auftreten. Wichtig ist, daß man sich bisweilen bei Personen beschränkter Intelligenz gewisser einfacher Hilfsmittel bedienen muß, um Verständnis zu finden. So führt bei Kindern, die aus mangelnder Einsicht refraktär sind, oft eine suggestive Geste, z.B. Gähnen in einer Beobachtung Brodmanns, prompt zum Schlafe. In solchen Fällen bevorzuge ich die Benutzung des Normalschlafes (mit Frank, Vogt, Tissié u.a.) zur Einleitung der Hypnose bzw. zur Einteilung von Suggestionen.

Für theoretisch Voreingenommene, die sich refraktär verhalten, empfiehlt Forel (1909) folgendes Vorgehen. Er läßt die Kranken sich ruhig lagern, mit geschlossenen Augen jede Bewegung oder Ablenkung meiden und sagt: «Sie brauchen gar nicht zu schlafen. Ich spreche nicht zu Ihrem bewußten Ich, sondern zu Ihren unbewußten Nervenzentren, welche meine Worte ohne Ihr bewußtes Zutun durch Ihr Gehör übermitteln werden. Kümmern Sie sich gar nicht um mich und suchen Sie auch nicht zu helfen.» Allerdings ist bei diesen Bemerkungen wohl mehr die Unerschütterlichkeit des Arztes als ihr Inhalt von Einfluß. V. P. brauchen primitive Ausdrücke: «Blut vom Kopfe ziehen», «Hirn beruhigen», «Ströme» usw.

Dosierung

Es wäre endlich einiges Allgemeines zur *Dosierung* in der Hypnotherapie zu sagen. Dabei sind drei verschiedene Gesichtspunkte zu berücksichtigen:

1. Dauer der Einzelhypnose,
2. Tiefe der Einzelhypnose,
3. Häufigkeit der Hypnosen.

Schon zu rein suggestiven Zwecken soll die *Dauer der Einzelhypnose* nicht zu kurz bemessen werden; soll die Hypnose als Erholungszustand benutzt werden, so kommen natürlich ganz andere Schlaflängen in Frage. Wetterstrand, dem wir diese «prolongierte» Hypnose danken, ließ Patienten monatelang in Schlaf und verband mit der rein erholenden Wirkung noch spezielle kurative Erfolge durch suggestive Regelung der Nahrungsaufnahme, des Stuhles usw. Da die Rolle der Bahnung gerade für viele krampfartige Zustände sehr bedeutend ist, bringt schon eine so lange Kupierung krampfartiger Phänomene an und für sich eine dispositionsvermindernde, vielfach heilende Wirkung vor. Dies gilt namentlich für paroxystisch-hysterische und echte allgemeine Erschöpfungszustände (exhaustio). Die mit dem «Dauerschlaf» in geeigneten Fällen verbundene Mästung erhöht auch die Widerstandsfähigkeit; kurz, diese Methode stellt eine sehr wertvolle Bereicherung der Psychotherapie dar, für die sich Forel, Vogt und andere lebhaft ausgesprochen haben. 1916/18 konnte ich exhaustio-Patienten über Wochen im offenen Krankensaal eines Genesungsheimes in prolongierter Hypnose halten und sehr gute Erfolge beobachten. Auch wenn ein eigentlicher Dauerschlaf nicht herbeigeführt wird, können eingeschobene Schlafpausen von günstiger, erholender Wirkung sein; eine geringe hypnotische Schulung ermöglicht dann dem Kranken selbst, beliebige kurze Schlafzustände herbeizuführen, deren Dauer nach äußeren Umständen zu bemessen ist. Manche Nervöse sind schon nach wenigen Augenblicken «innerer Erschlaffung», die von einem deutlichen Gefühl der Lösung begleitet ist, aber nicht mit Bewußtseinsverlust einherzugehen braucht, für mehrere Stunden frisch und leistungsfähig; bei anderen, namentlich postinfektiösen oder toxischen Konsumptionszuständen sind etwas längere, meist nicht unter einer halben Stunde währende Schlafpausen empfehlenswert. Die Zeit derartig erholender Zustände kann ggf. beliebig verlängert werden. Dies *Prinzip ist im «Autogenen Training» besonders ausgearbeitet worden*, nachdem Oskar Vogt den klinischen Wert solcher *«prophylaktischen Ruhepausen»* 1898 zum ersten Male klar herausstellte. So kann mit und nach der Hypnotherapie autogenes Arbeiten sinngemäß eingebaut werden. Bei der Hypnose zu suggestiven Zwecken ist auch eine längere Dauer, speziell ein gründliches «Nachschlafen», vorteilhaft.

Weniger klar liegt die Frage nach der *Tiefe der Hypnose*. O. Vogt hat sehr richtig darauf hingewiesen, daß die Suggestibilität im hypnotischen Zustande und das Festhalten einer Suggestion später ganz verschiedene, wenn auch sich beeinflussende Leistungen sind. So sprechen z.B. Stotterer in Tiefhypnose oft sogar im Hörsaal vor «großem Publikum» völlig frei, rezidivieren aber sofort im anschließenden Wachzustande, während eine systematische entängstigende Hypnotherapie mit Entspannung oft gute Dauerresultate liefert, ohne daß mehr als der erste und zweite «Grad» benutzt werden.

Wo sich ausreichende therapeutische Effekte ohne tiefe Hypnose erzielen lassen, wird man auf diese verzichten. Lassen aber die therapeutischen Erfolge der Allgemeinpsychotherapie und der Suggestion in leichter Hypnose zu wünschen übrig, so ist die tiefe Hypnose zu erstreben, deren Wirksamkeit bei demselben Individuum gelegentlich der oberflächlichen Hypnose überlegen ist. Eine allgemeine strikte Indikation läßt sich hier nicht geben, außer großen chirurgischen Operationen in reiner Hypnose (eine Strumektomie näher in «Seelische Krankenbehandlung») und einem Teile der Hypnose-Entbindungen. Wesentlich ist hier die Schmerz-Angstausschaltung und die «direkte» Schmerzverminderung oder -annullierung; gleichsam eine *«hypnotische Leukotomie»* (J.H. Schultz 1949, Rosen USA 1951, E.B. Straus London 1951, H. Hengstmann 1952 u.a.).

Sehr wesentlich ist endlich die *Häufigkeit* der Hypnose. Hier wird vielfach gefehlt, indem durch ein oder zwei Sitzungen ein ganz verblüffender Erfolg erzielt, die Behandlung dann abgebrochen und je nach prinzipieller Richtung ein unkritischer Wundererfolg verkündet, oder, wenn ein Rezidiv erfolgt, die «Wertlosigkeit der Hypnose» damit als bewiesen angesehen wird. Beides ist gleich falsch. Schon um einen nachhaltigen Effekt zu erzielen, empfiehlt es sich, zunächst mindestens einmal, in schwereren, namentlich veralteten Fällen zwei- oder mehrmals täglich 8–15 Tage hindurch zu hypnotisieren und die Wirkung durch Hypnosen in wachsenden Intervallen in der Rekonvaleszenz zu sichern.

Eine «große Hypnosekur» würde etwa fordern: 2 × tägl., 1–2 Wochen 1 × tägl., 1–2 Wochen 3 × wöchtl., 1–2 Wochen 2 × wöchtl., 1–2 Wochen 1 × wöchtl., dann alle 14 Tage, alle Monate 1 Sitzung. Die *Beendigung* der Hypnotherapie soll durch energische Terminsuggestionen weiteren Wohlseins gestützt werden (Ringier, Corval u.a.) *Beobachtungen und Wachtherapie* wären aber auszuschließen, so daß der Patient sich z.B. an bestimmten Jahrestagen zeigt (Moll) und in Kontakt mit dem Arzte bleibt. *Der Wachpsychotherapie bleibt stets die führende Rolle.*

Die Hypnotherapie ist eine spezielle Form, eine Unterstützung der Gesamtpsychotherapie, in vielen Fällen darum besonders wirksam, weil die Hypnose einen Zustand «gesteigerter Suggestibilität» darstellt, die der Erholung dienen kann.

Man suche nicht einfach durch Gegensuggestion gegen Beschwerden diese zu entfernen; ein Erfolg auf diesem Wege ist selten von Dauer und außerdem laufen wir Gefahr (Ringier), gerade eine Verstärkung der Symptome durch die stärkere Beobachtung zu erhalten. Viel mehr Aussicht hat es, die krankhaften Vorstellungen zu entwurzeln, ihre Haltlosigkeit und Grundlosigkeit klarzulegen, an das Urteil des Kranken zu appellieren. Wir müssen, wie van Eden es ausdrückt, eine größtmögliche Zentralisation der psychischen Funktionen zu erreichen suchen, unsere Patienten zur Selbstverantwortung, zur Toleranz, zur Geduld usw. erziehen.

Deshalb ist großes Gewicht auf die Form der Suggestion, die «*Redaktion der Suggestion*», wie es vielfach ausgedrückt wird, zu legen. *Kein Zwang* den Patienten gegenüber, *sondern Mitarbeit* von seiner Seite. Dazu ist notwendig, daß V. P. die vom V. L. angeregten Erlebnisse so intensiv und so drastisch vollzieht wie irgend möglich. *Jede Suggestion* soll *daher tatsachenhaft eindringlich im Präsens der Realität («Arm ist schwer») und mit anschaulicher Leibhaftigkeit gestaltet* und zu einem echten, produktiven Eigenerlebnis werden.

Endlich wäre kurz der *Wirkungsverlauf* der Hypnose zu besprechen; es ist namentlich darauf hinzuweisen, daß ähnlich wie das psychische *Trauma* ein Latenzstadium bis zur Wirkung zeigt (Charcot), häufig auch die *heilende Wirkung hypnotischer Suggestionen* erst eine gewisse Zeit nach Erteilung, oft nach Abschluß der hypnotischen Behandlung sich geltend macht. Diese Erscheinung haben Bérillon, Lépinay und andere als «*Inkubation der Suggestion*» beschrieben. Freud spricht in ähnlichem Zusammenhange von «*nachträglichem Gehorsam*»; in Deutschland machte besonders F. Mohr darauf aufmerksam. Daß im allgemeinen zwischen Schnelligkeit und Dauerhaftigkeit hypnotischer Heilung das Verhältnis der umgekehrten Proportion besteht, ist bereits genügend hervorgehoben.

Wirkungen der Hypnose

Bedeutung der Experimentaluntersuchungen

Um die Grenzen hypnotischer Heilwirkung richtig einschätzen zu können, ist zunächst ein kurzer Blick ins wissenschaftliche Laboratorium dienlich.

Die letzten Jahrzehnte haben eine Fülle von *exakten hypnotischen Experimenten* aus führenden modernen Kliniken gebracht, die erkennen lassen, daß z.B. die Magen- und Gallensekretion, die Wärmeregulierung, die allgemeine vegetative Steuerung, der Wasserhaushalt, das Endokrinium, die Kreislauf-, die Magen-Darm-, die Hautfunktion usw. erheblich durch rein hypnotische Suggestion beeinflußt werden können. Im Prinzip handelt es sich immer darum, daß unter experimentell exakten Bedingungen Funktionen verändert und wieder normalisiert werden. Dabei kann

- die Funktion durch hypnotische Setzung von Affekterlebnissen («indirekt»),
- durch Alteration halb willkürlicher Nachbarfunktion, z.B. der Atmung, («sekundär») oder – und das ist der theoretisch wichtigste Modus!
- durch unmittelbare Konzentration auf die in Frage stehende Funktion selbst («direkt») ausgegangen werden.

So ergab sich z.B. in den klassischen oft bestätigten Versuchen von G.R. Heyer aus der Münchn. Med. Univ. Klin. 1923, daß ein Hypnoseerlebnis («eine Suggestion») «ich esse Fleisch» einen anderen dem Nahrungsmittel entsprechenden «psychischen Magensaft» ergibt als die Suggestion «ich trinke Milch», wie fortlaufende fraktionierte Aushebrung zeigte.

In der von J.H. Schultz und F. Heller 1909 aus der Dermatologischen Klinik in Frankfurt a.M. mitgeteilten Beobachtungen über «hypnotische Blasenbildung» *(«Stigmatisierung»)* führten die Auflegung einer Münze auf den Handrücken eines 19jährigen Mannes und die hypnotische Weckung des Erlebnisses («die Suggestion»): «die Münze ist glühend, sie macht keinerlei Schmerzen aber verbrennt die Haut» nach 6 Stunden zu einer prallgefüllten Brandblase, ein Phänomen, das in anderen seelischen Zusammenhängen bei Therese Neumann-Konnersreuth viele Gemüter bewegte. Der histologische Befund bei hypnotisch erzeugten Blasen ist nach Kreibich, der eine solche exzidieren konnte, partielle Nekrose des Epithels und sogar der Papillarschicht bei reichlicher zelliger Infiltration der Kutis.

45

Bunnemann, Georgi, Hansen und Hoff, Heyer, Marx, Mohr, Schilder, J.H. Schultz, Schwarz, v. Weizsäcker, Wittkower u.v.a. konnten in klinisch physiologisch exakten, quantitativ bestimmten und oft wiederholten Versuchen beweisen, daß *alles funktionelle Geschehen des lebendigen menschlichen Organismus hypnotisch abstimmbar* ist. Damit liefert gerade die Hypnose den Beweis, daß *psychische Bewirkung so weit reicht wie die lebendige Funktion.* Erst wenn der «Bestand» des Organismus aufgehoben, wenn partieller Tod eingetreten ist, erlischt die *prinzipielle* Möglichkeit psychischer Bedingtheit. Der neueren Literatur wegen sei auf die zusammenfassenden Darstellungen der Psychotherapie aus jüngerer Zeit verwiesen[1]; so wichtig diese grundlegenden Untersuchungen theoretisch und therapeutisch sind, es kann hier im Rahmen einer sehr auf das Technische gerichteten Darstellung nicht näher auf sie eingegangen werden. Betont sei nur, daß sie in vieler Beziehung eine Ehrenrettung der so viel geschmähten alten ärztlichen Pioniere des Hypnotismus bedeuten.

Damit ergibt sich *im Prinzip eine ungemein ausgedehnte Wirkungs- und Verwendungsmöglichkeit der Hypnose.* Gleichgültig, ob es sich um einen organisch gesunden oder kranken Organismus handelt, kann grundsätzlich Hypnose (oder Psychotherapie anderer Form) Heilwirkungen entfalten, soweit funktionelles Geschehen reicht. Es ist daher aussichtslos, eine Indikationsliste geben zu wollen, darum sollen im folgenden nur kurz einige praktisch wichtige Aufgaben mit besonderer Berücksichtigung spezieller technischer Fragen herausgegriffen werden.

Grundsätzlicher Wirkungsbereich

Abgesehen von den allgemeinen technischen Gesichtspunkten, die bisher entwickelt wurden, muß der Hypnotherapeut eine große Anzahl spezieller Kenntnisse beachten, wenn er erfolgreich arbeiten will. Wer sich bei richtiger Handhabung der allgemeinen hypnotischen Technik lediglich darauf beschränkt, auch in tiefer Hypnose den Patienten zu versichern, daß es «besser werde», daß «die Beschwerden schwinden» usw., wird selten oder nie zufriedenstellende Resultate erreichen.

---

1 Z.B: F. Mohr, Psychophysische Behandlungsmethoden (Leipz., Hirzel 1925). J.H. Schultz, Seelische Krankenbehandlung (VI. Stuttgart, Piscator 1952). G.R. Heyer, «Hypnose» in Birnbaums Handbuch der psychischen Behandlungsmethoden (Leipzig, Thieme 1927). Dunbar, Emotions bodily changes (New York, 1936). Wichtige Beiträge laufend in «The British Journal for Medical Hypnotism» (Dr. van Peel), das seit 1949 erscheint. B. Stokvis und M. Pflanz «Suggestion» (Basel, Karger, 1961); B. Stokvis «Hypnose in d. ärztl. Praxis» (Basel, Karger 1955).

Zunächst soll die *diagnostische* Bedeutung der Hypnose besprochen werden. Wir vergegenwärtigen, daß in hypnotischem Zustande die «Suggestibilität extrem erhöht» ist, daß, anders ausgedrückt, die auftauchenden Vorstellungen nach Valenz und Entladungsbereitschaft in motorischer, sekretorischer usw. Hinsicht gesteigert sind. Damit wird verständlich, daß krankhafte Vorstellungen, die bei der Entstehung eines Symptomenkomplexes beteiligt sind, diesen in Somnambulhypnose sofort auslösen, während seine Besprechung im Wachzustand oder auch wach-suggestive Maßnahmen diesen Effekt nicht haben. Die erhebliche Bedeutung dieser Tatsache für die Diagnostik leuchtet ohne weiteres ein, und ist auch außerhalb der engeren hypnotherapeutischen Kreise, so z.B. von Oppenheim, Turner u.a. anerkannt. Die Beeinflußbarkeit bestehender Beschwerden durch Hypnose ist selbstverständlich mit weit geringerer Sicherheit zu verwerten, wenn es sich nicht um exquisit hysterische Krankheitsbilder handelt, die durch restloses Verschwinden ihre wahre Genese offenbaren, wie etwa im Massenexperiment der Kriegsneurosen. Das einfache Verschwinden *subjektiver* Beschwerden ist immer vieldeutig, ebenso ist die Frage, ob die Hebung amnestischer Zustände durch Hypnose als Beweis funktioneller Entstehung angesehen werden darf, noch offen.

Praktische Beispiele

Sehr bekannt ist der Fall Starcks (1896), der durch Hypnose diagnostisch wenigstens mit großer Wahrscheinlichkeit aufgeklärt wurde. Es handelte sich um eine 22jährige Krankenschwester mit zweimal operierter Otitis media purulenta, bei der starker, einseitiger Kopfschmerz, Schwindel, Insomnie, Erbrechen und schwere Gehstörungen auf einen Hirnabszeß oder Meningitis bezogen wurden. Sie wurde in der Chirurgischen Klinik zu Heidelberg (Czerny) aufgenommen und eine Operation in Aussicht gestellt, von der man einstweilen nur der ungenügenden Lokalisation und des Fehlens der Stauungspapille wegen absah. Eine aus rein symptomatischer Indikation unternommene hypnotische Therapie machte die Kranke bis auf Kopfschmerzen beschwerdefrei und arbeitsfähig. Auch eine seit langem bestehende Amenorrhoe konnte suggestiv behoben werden.

So wichtig wie derartige *Heilung* ist die *Provozierung zweifelhafter Phänomene* in Hypnose; besonders bei Verdacht auf Epilepsie; wo eine Beobachtung der Anfälle nicht gelingt, halte ich diese Probe für sehr wesentlich, wenn auch natürlich nicht ausschlaggebend. Zur Illustration:

E. Qu., 10jährig, mit spezifischer Belastung (eine Tante, ein Großonkel sind Epileptiker) wird mir im Juni 1908 von seiner Mutter vorgestellt. Sie gibt an, daß das Kind seit einem Jahre sich fast in jeder Nacht erhebt, die Arme bewegt, einige unverständliche Laute von sich gibt und dann wieder weiterschläft. Während dieses Zustandes reagiert es auf Anrufe nicht, es schläft nachher tief, kann dann geweckt werden und weiß von dem «Anfalle» nichts, auch nichts von etwaigen Träumen. Am Tage sind ähnliche Erscheinungen nie beobachtet.

Die Untersuchung ergibt einen seinem Alter entsprechenden, gut genährten Jungen; die inneren Organe und der Blutfarbstoff sind normal, am Nervensystem sind krankhafte Erscheinungen nicht nachweisbar. Es bestehen unwesentliche Degenerationserscheinungen, die Intelligenz ist entsprechend, Abweichungen des Charakters sind nicht nachweisbar, Dahingehendes wird nicht berichtet. Genitalien normal, im Stuhl keine Würmer, keine Eosinophilie des Blutes, Nasenrachenraum normal (spezialistisch untersucht).

Mit Einverständnis der sehr verständigen Mutter wird der Knabe in ihrer Anwesenheit hypnotisiert, da es durch Wachsuggestion nicht gelang, einen derartigen Zustand zu provozieren. Er kommt rasch in Somnambulismus; trotz Suggestion verschiedenster Form ist keinerlei «Anfall» hervorzurufen, auch keine Erinnerung an etwa damit zusammenhängende Schreckträume. Sonst werden Suggestionen realisiert, es besteht beim Wecken völlige Amnesie. Ich stelle daraufhin die Diagnose Epilepsie, ohne der Mutter davon Mitteilung zu machen, und empfehle weitere Beobachtung und vorwiegend vegetarische Diät und Hydrotherapie.

Im August 1910 wird mir der Junge wieder vorgestellt; er hat selten auftretende, typische große epileptische Anfälle; einige Male sind auch Absenzen beobachtbar. Ich lasse ihn täglich in die Sprechstunde kommen und beobachte selbst einen Anfall mit tonischer Starre, Zungenbiß und Pupillenstarre, nachfolgend Babinskisches Phänomen. Der jetzt 13jährige Junge ist in seinen Schulleistungen unverändert, der Mutter fällt seine große Reizbarkeit auf. Die nächtlichen Zustände sind dauernd geblieben und jetzt nach der Schilderung der Mutter von «Zuckungen» begleitet, er näßt öfter dabei ein. Brom brachte Verminderung der Anfälle.

Als Parallelfall diene der folgende: Marie B., 13jährig, wird mir mit ähnlichen Klagen wie der vorige Patient zugeführt. Sie steht seit ½ Jahr jede Nacht im Bett auf «zuckt» mit den Armen, wie die Mutter sagt, spricht unverständliche Worte und schläft dann weiter. Am nächsten Tage besteht Amnesie, über Träume nichts zu erfahren. Von sonstigen Angaben ist bemerkenswert, daß der Vater Trinker war und in einer Irrenanstalt starb. Von «Krämpfen» ist in der Familie nichts bekannt. Die Mutter war als «tuberkuloseverdächtig» und «blutarm» vielfach in kassenärztlicher Behandlung. Sie war zu einer Untersuchung nicht zu bewegen.

Die kleine Patientin ist ein wenig unterernährt, zeigt aber sonst normale Organe, keine Zeichen einer nervösen Erkrankung, keine Stigmata. Nach leichter Mastkur und Schuldispens Besserung des Allgemeinbefindens. Die weitere Beobachtung ergab keinen Anhaltspunkt. Da auf Hydrotherapie, elektrische Behandlung und larvierte Suggestion die nächtlichen Anfälle nicht zurückgehen, auch Provozierung im Wachzustande nicht gelingt, wird in Anwesenheit der Mutter eine Hypnose bei der kleinen Patientin eingeleitet, mit der prähypnotischen Suggestion, sie werde sich nun der Anfälle erinnern und einen solchen bekommen. Sie schläft leicht ein und bleibt gut in Rapport. Ich suggeriere Träume und plötzlich gibt sie unter eigentümlich stoßenden Armbewegungen einige Worte von sich, von denen ich zuerst nur «Nein, – nein...» verstehe. Nach wenigen Augenblicken wieder ruhiger Schlaf. Wie die Mutter angibt, sind es genau dieselben Bewegungen, die sie auch im Schlafe ausführt. Auf die Suggestion hin, sie werde nun dasselbe ganz ohne Angst und Unruhe, ganz ruhig wieder erleben, reproduziert sie ein Attentat, das ihr Vater vor etwa ¾ Jahren an ihr vorgenommen hatte, als sie bereits, nach Ansicht der Mutter schlafend, im Bette lag. Ich beruhige sie, so gut es geht, sage, daß ihr Vater damals krank war (sie wußte, daß er im Irrenhaus starb), daß sie nun nie mehr im Schlafe erschrecken brauche und daß sie sich jetzt immer Mühe geben würde, ganz ruhig und artig zu schlafen usw. In einer 2½jährigen Beobachtung konnte ich mich überzeugen, daß weitere Schlafstörungen nicht mehr auftraten; die kleine Patientin bietet jetzt nichts Besonderes mehr. Gleichsinnige Versuche machte z.B. Krafft-Ebing bereits 1898, C. Schmidt 1905 u.a. Allerdings kann neben diesen funktionellen Zuständen eine echte Epilepsie bestehen, so daß der Negativ-Versuch, das Nicht-Provozieren-können mehr für Epilepsie, als der Positiv-Versuch gegen sie spricht.

In ähnlicher Weise konnte O. Westphal 1897 einen ätiologisch dunklen Fall von Spasmus convergens mit Pupillenverengung dadurch aufklären, daß es gelang, die Erscheinungen in Hypnose abzustellen, auszulösen und endlich zur Heilung zu bringen. Die Hypnose wurde einfach unter Druck auf den Bulbus herbeigeführt.

Weitere Beispiele

Aus dem weiten Bereiche *therapeutischer Anwendung der Hypnose* sollen nur einige wenige Beispiele beigezogen werden.

Daß die bekannten «alten Weiber» auf dem Lande *Warzen* «besprechen» können, ist kein Geheimnis. Den Hypnoseärzten hat man das lange nicht geglaubt; aber schon Jarisch äußerte 1908 seine Verwunderung darüber, daß ein ganzer Herd von verrucae simplices juveniles verschwindet, wenn man eine einzelne Effloreszenz wegätzt, und bezieht diese Reaktion auf «nervöse Einflüsse». Seitdem sind die alten Mitteilungen von Bonjour (1911) über Warzenbeseitigung durch Hypnose in sorgfältigen klinischen Studien aus der Königsberger (Scholtz) und Züricher (Block) Hautklinik voll bestätigt worden.[2] Man suggeriert nach meinen Erfahrungen zweckmäßig in 3, durch etwa 8 Tage getrennten Sitzungen, eventuell unter Berührung der Warze mit Glas- oder Holzwattestäbchen, «die Haut um die Warze wird immer kühler und blasser, es strömt gar kein Blut mehr in die Warze, die Warze wird immer kleiner, trockener, blasser und fällt bald ganz ab». Landleute aus der magisch-archaischen Welt haben Vorteil von einer mehr «beschwörenden» Formulierung: «Ich streiche über die Warze, das Blut weicht, die Warze verdorrt und fällt ab».

Das uralte «Blutbannen» tritt in der Hypnose als suggestive vasomotorische Reaktion schon im «Wärmegefühl» der normalen Ruhehypnose in Erscheinung. Nadelstiche und Zahnextraktionen bleiben oft in Hypnose ohne Blutung. Bisweilen tritt die Blutung nach Schluß der Hypnose ein (Falk-Schupp). Zur Regulierung der Menses genügt es nur in den seltensten Fällen, in tiefer Hypnose ein Resultat zu verkünden; wir müssen uns ausgiebig der Unterstützung durch Organsensationen bedienen. So tut man gut, durch Auflegen der Hände auf das Abdomen, durch leichten Druck oder Streichen die Aufmerksamkeit der Kranken hierher zu lenken (Corval) und die von ihr eingehend gegebene Schilderung des Praemenstruums der Periode «leibhaftig» einzubauen.

---

2 S.f.: R. Lenk (Wien. klin. Wochenschr. 1932, 46); H. Vollener (Kinderärztl. Praxis, IV, 64, 1933; 1943 Volkmann aus der Berliner Hautklinik (Friboes).

Mit dieser Methodik konnte Kohnstamm in Bestätigung zahlreicher älterer Angaben die Menstruation bei einem bis dahin amenorrhoischen Mädchen herbeiführen und ihren weiteren Termin bestimmen.

Will man profuse Menstruation suggestiv beseitigen, so folgt man zweckmäßig dem in der Zeitschrift der Hypnotismus von der Redaktion gegebenen Rezept: «Wir legen beide Hände auf das Abdomen der Patientin, suggerieren erst ein angenehmes Gefühl der Wärme im Leibe, machen dann unter leichtem Druck einige nach oben gerichtete Passes und suggerieren, daß damit das Blut zum Herzen zurückgedrängt werde, die Menstruation so immer schwächer würde. Hatte die Periode bereits übermäßig lange gedauert, so suggerieren wir schließlich, daß sie völlig verschwinde. Zum Schlusse suggerieren wir weiter komplette Euphorie.» Während wir hier das einleitende Gefühl der Wärme im Abdomen, speziell über der Symphyse, nur benutzen, um uns durch Organempfindungen mit der Patientin besser zu verständigen und für sie der Suggestion realeren Charakter zu geben, ist bei Fällen von Amenorrhoe dies Wärme- und Kongestionsgefühl der Mittelpunkt der Suggestion. Wir formulieren diese am besten so: «Sie fühlen meine Hände mit leichtem Druck auf Ihrem Leibe. Haben Sie genau Acht! Jetzt entwickelt sich ein intensives Gefühl der Wärme, erst in der Haut unter meinen Händen, Ihr Blut kommt in Wallung, Ihr Kopf wird ganz heiß und rot! Nun (Passes vom Gesichts abwärts) streichen wir das Blut wieder herunter, der Kopf wird leicht, kühl, angenehm. Jetzt fühlen Sie im Unterleib eine intensive Wärme, ein Gefühl der Völle, von Druck, von Spannung, ganz schwer und drückend fühlen Sie jetzt die Wärme. Genau so werden Sie sich am ...ten befinden, dann wird Abgang von Blut erfolgen, der Sie erleichtert, am ersten Tage mäßig, am 2. stark, am 3. geringer, am 4. nicht mehr. Jetzt verteile ich heute das Blut wieder, Sie fühlen sich ganz frei und frisch, kein Gefühl von Völle usw.» Ein derartiges Vorgehen ist in den meisten Fällen von Erfolg, die überhaupt nach Lage des Falles hier in Frage kommen. Man halte solche genauen Schilderungen nicht nur für eine überflüssige Schwätzerei! *Ohne die Organempfindungen «gelernt» zu haben, können die meisten Kranken ihre Funktionen nicht beeinflussen, auch wenn sie im Normalbewußtsein keine Kenntnis der Suggestion haben.* So konnten bei einem von mir beobachteten Falle eine Reihe von Herren keine Beeinflussung der Schlagfolge des Herzens durch die farblose Suggestion: «Der Puls wird langsamer» erzielen, während es mir sofort gelang, ihn um 30 Schläge in der Minute herabzusetzen, nachdem ich meine Suggestion: «jetzt schlägt das Herz langsamer» durch einleitende, die Empfindung der Herztätigkeit genau schildernde Vorbereitung erleichtert hatte.

Zahlreiche funktionelle gynäkologische Störungen erwiesen sich der Hypnotherapie als zugänglich: Dysmenorrhoe, Molimina bei «Retroflexio», «Menstrualkolik», Fluor, Pruritus, Brustwarzenkrampf, Klimaxbeschwerden – kurz funktionelle Störungen der weiblichen Organsphäre jeder Art erweisen sich häufig als dankbare Aufgaben. Von bekannten Autoren, die sich speziell mit diesen Fragen befaßten, nennen wir Binger, Bunnemann, A. A. Friedländer – Freiburg, Kiss, Kogerer – Wien, A. Mayer – Tübingen, Novak-Harnik – Wien, Prill – Bad Godesberg, Schultze – Rhonhof, Stransky – Wien, Walthardt – Zürich, Wyder, Pugh – USA. Auch die Molimina gravidatis, insbesondere die Hyperemesis (Kogerer [1927], v. Wolf [1924], Plantonow [1932] u. v. a.) reagieren oft ausgezeichnet auf Hypnotherapie.

Hypnose und Geburtshilfe

Geburten in hypnotischer Analgesie mit und ohne Amnesie sind seit 1819 sehr häufig beschrieben, Wiazemsky konnte 1908 38 solche zusammenstellen und einen eigenen hinzufügen. Zweckmäßig wird die hypnotische Behandlung schon in der Gravidität eingeleitet (Voisin, Tatzel, v. Schrenck-Notzing u.a.), zumal ihr auch die Molimina graviditas meistens weichen, um eine gewisse Sicherheit in der Art der Hypnotisierung zu erlangen. Durch zielbewußte Beeinflussung der Wehen und ihrer Pausen gelingt es dann meist, den Geburtsmechanismus wesentlich zu vereinfachen, die Geburtszeit abzukürzen und außerdem die Frauen subjektiv beschwerdefrei zu machen.

Eine sehr gründliche, auf großer praktischer Erfahrung ruhende Darstellung über den *«geburtshilflichen Dämmerschlaf in Hypnose»* lieferte G. v. Wolff 1926 aus der Universitätsfrauenklinik in Berlin (Bumm) im Archiv für Gynäkologie (Bd. 129, 23). V. Wolff, der seine Erfahrungen in der stützenden Umwelt der Klinik sammelte, empfiehlt für hypnotische Geburtsanalgesien folgendes Vorgehen:

«Den *Beginn der Vorbereitung* setzt man zweckmäßig auf einen Zeitpunkt etwa 14 Tage bis höchstens 3 Wochen vor der zu erwartenden Geburt fest und bemüht sich dann in möglichst wenigen Sitzungen (höchstens 4–5) die Patientin in das Stadium des tiefen Schlafes und damit der Amnesie und Analgesie zu bringen. Gelingt dies in der angegebenen Zahl von Sitzungen nicht, so kann man im allgemeinen P. wohl als ungeeignet betrachten und von der weiteren Behandlung ausschließen. Von einer Unterstützung der Hypnose durch Schlafmittel..., wenn es auf dem üblichen Wege nicht gelingen will, den Rapport zu erzielen, haben wir stets Abstand genommen.»

«Ist der gewünschte Zustand der Analgesie einmal erreicht, so kann man die eigentliche Vorbereitung als vollendet betrachten und braucht nur bis zum Tage der Geburt höchstens einmal wöchentlich P. durch kurze Wachhypnose (wenn dies irgend zu erreichen) davon zu überzeugen, daß die Wirkung der Suggestion in unvermindertem Maße fortbesteht.»

«Allzu häufiges Hypnotisieren empfiehlt sich nicht. P. lernt ihren Hypnotiseur und seine Schwächen kennen. Der Reiz der Neuheit verblaßt wie bei allem und damit gewinnen leicht störende Auto- und Kontrastsuggestionen die Oberhand.[3] Man denke also daran, bei den Wiederholungen der Hypnose stets durch abwechslungsreiche Suggestionen das anfängliche Interesse von P. in vollem Maße wach zu halten.»

«Die *psychische Vorbereitung* hat außer der Beseitigung der bereits im Abschnitt III, I geschilderten Bedenken (Willensschwächung, Abhängigkeit vom Hypnotiseur usw.) noch auf eine andere Sorge der Frau Rücksicht zu nehmen: die Angst vor der Schädigung des Kindes durch die Hypnose. Wenn wir schon die Gefährdung der Hypnotisierten selbst bei richtiger Technik für ausgeschlossen erklärt haben, so können wir dasselbe erst recht hinsichtlich des Kindes tun. Denn letzteres wird durch die Hypnose,... weder direkt noch indirekt berührt.» ...

«Hat man das Stadium des tiefen Schlafes erreicht, so überzeuge man sich durch Stiche mit einer Nadel in Arm, Bein, Wangen und Lippen, nach vorheriger entspre-

---

3 ? (J.H. Schultz).

chender Suggestion, ob tatsächlich eine Analgesie besteht: «Ihr Arm usw. sind jetzt vollkommen unempfindlich. Sie fühlen nicht den geringsten Schmerz!»

«Diese so erzielte völlige Analgesie diente uns als sicherer Anhaltspunkt dafür, daß die Patientin für die eigentliche Geburt genügend vorbereitet war.»

«Wir machten nun, um ihre Suggestibilität zu steigern und gleichzeitig uns selbst von dem Grade der Amnesie zu überzeugen, außer der obigen Schmerzunempfindlichkeitsprobe folgendes einfache Experiment:»

«Wir ließen P. während der Hypnose aufstehen, sich an einen Tisch setzen und ihren Namen schreiben. Dazu mußte man sie die Augen öffnen lassen: ‹Sie schauen jetzt auf meinen, Ihnen vorgehaltenen Finger, wachen aber nicht auf.› Es bedarf ausdrücklich dieser Angabe eines bestimmten Fixierungspunktes, weil sonst leicht durch die Reize der Außenwelt beim Öffnen der Augen eine Unterbrechung der Hypnose eintreten kann. ‹Nun schreiben Sie hier Ihren Namen.› Dann läßt man die Augen schließen und P. wieder weiterschlafen.»

«Die Frauen waren hinterher stets sehr überrascht und glaubten nicht, daß sie selbst den Namen geschrieben, bis eine Wiederholung jener Handlung im Wachzustande sie vollends überzeugte. Wir erreichten mit diesem Experiment stets unseren vorher genannten Zweck. Wir erblickten ferner nicht in der momentan erzeugten Analgesie das Ziel unserer Behandlung, sondern verwenden weiter mit Erfolg die posthypnotischen Suggestionen.»

«Es ist eine Erfahrungstatsache, daß diejenigen Suggestionen am besten haften, die man den ersten Hypnosen in den Vordergrund stellt.»

«Eine Lehre müssen wir nur daraus ziehen: nämlich nicht zu viel suggerieren zu wollen, und das, was wirklich sitzen soll, auch recht energisch einzuschärfen!»

«Wir beschränkten uns daher für den Zweck der Geburt, abgesehen von den selbstverständlichen Beruhigungs-, Wohlbefindens- und Vertrauenssuggestionen, auf die posthypnotische Analgesie während der Wehen, auf die Schmerzunempfindlichkeit der Dammgegend und die Amnesie!»

«Sie werden nicht die geringste Furcht vor der Geburt haben und keinerlei Wehenschmerzen empfinden!»

«Man wiederhole diese Suggestion mehrere Male recht eindringlich, kann dieselbe, wie einige das vorschlagen, des tieferen Eindrucks halber auch noch einmal nachsprechen lassen.»

«Die Wiederholung der Hypnose (Dressur) mag in der ersten Zeit am besten jeden 2. bis 3. Tag erfolgen, bis man den gewünschten Tiefschlaf mit Analgesie erreicht hat. Im weiteren Verlauf braucht man sich dann nicht mehr an ein bestimmtes System zu halten, sondern erreicht meist schon mit kurzen Suggestionen ‹Jetzt werden Sie ganz müde, nun schlafen Sie schnell mal ein!› sein Ziel.»

«Während man zunächst die sitzende Haltung von P. bevorzugte, läßt man schon von der 2. Hypnose ab P. sich auf einen Diwan oder dergleichen legen, damit sie bequemer ruhen kann.»

Über den Verlauf berichtet v. Wolff:

«Die Schwangeren sehen, wenn die Vorbereitung gelungen ist, dem Tage der Geburt meist so sorglos entgegen, daß sie oft infolge unserer posthypnotischen Suggestionen der Schmerzunempfindlichkeit die ersten Wehen gar nicht beachten und sich erst verhältnismäßig spät zur Entbindung auf dem Kreißsaal melden.»

«Wann man am besten die Frauen einzuschläfern hat, ist Ansichtssache. Die Dauer des hypnotischen Schlafes ist ziemlich unbegrenzt. Das beweisen die tagelang protrahierten Hypnosen Wetterstrands.[4] Wir selbst hatten Geburten von 18stündiger Dauer, ohne auch nur eine geringe Schwankung in der Tiefe des Schlafes beobachten zu können. Wir gaben dabei nur hin und wieder (obwohl dies nicht unbedingt nötig war) die Suggestion, ruhig und tief weiter zu schlafen.»

«Im allgemeinen empfiehlt es sich wohl, nach der ersten Untersuchung und Vorbereitung durch die Hebamme die Schwangere einzuschläfern. Zu dieser Zeit folgen die Wehen meist nicht so schlagartig aufeinander, daß man dabei irgendwelche Schwierigkeiten hätte. Überhaupt bildet das Fortgeschrittensein der Geburt notwendigerweise keinen Hinderungsgrund für die Einschläferung, wie nachstehender Fall beweist.»

«E. J. wurde 3 Tage vor der Entbindung zum erstenmal hypnotisiert, verfiel dabei sehr schnell in tiefen Schlaf mit völliger Analgesie und Amnesie. Auch die Wachhypnose gelang sofort. P. glaubte aber, als die Geburt 2 Tage darauf abends um 10 Uhr begann, noch nicht genügend vorbereitet zu sein und ließ H. nicht rufen. Unter sehr starken Schmerzen zog sich die Geburt bis zum nächsten Mittag hin. Als H. um 1 Uhr zufällig auf den Kreißsaal kam, wurde der Kopf eben während einer Preßwehe sichtbar. Es gelang trotz der großen Schmerzen die Einschläferung in wenigen Sekunden. Katalepsie der Augenlider bleibt vollkommen. Empfindlichkeit wird nicht geäußert. Partus erfolgt spontan um 2.45 Uhr nachmittags. Für die ganze Dauer des Schlafes (1 Stunde 45 Min.) bestand vollkommene Amnesie.»

«Diese Fälle, in denen man auf der Höhe der Geburt die Einschläferung noch vollziehen kann, gehören wohl allerdings zu den Seltenheiten.»

«Betrachten wir nun zunächst einmal den Verlauf einer Geburt in Hypnose, wie es sich normalerweise abspielt, um nachher an Hand von Beispielen einige Abweichungen kennenzulernen.»

«Das Einschläfern der gut vorbereiteten Frau ist stets das Werk weniger Sekunden, selbst dann, wenn bei den ersten Hypnosen nicht alles ganz glatt gegangen war. Die Schwangere zeigt sich vor der Geburt in der Erwartung des wohltuenden Schlafes ganz besonders suggestibel. Man vertieft nach einiger Zeit die Hypnose: ‹Nun schlafen Sie ganz ruhig und tief weiter und empfinden keinerlei Wehenschmerz!› und gibt vor allem die Suggestion, sich durch keinerlei Geräusche oder Fragen stören zu lassen. Obwohl man mit sehr suggestiblen Menschen meist ohne weiteres im Isolierrapport steht, unterlasse man doch nicht die entsprechende Suggestion, weil man nur so ein spontanes Aufwachen aus der Hypnose mit einiger Sicherheit verhindern kann.» . . .

«Wir haben uns während der langwierigen Eröffnungsperiode mehrmals bis zu 3–4 Stunden vom Gebärbett entfernt, ohne ein Aufwachen zu erleben . . .»

«Ein gut geschultes Pflegepersonal, das die Patientin nicht aus den Augen läßt, kann uns jederzeit benachrichtigen, wenn der Schlaf nicht mehr die genügende Tiefe hat. Will man ganz sichergehen, so wiederholt man alle 1–1½ Stunden die Suggestionen für Schlaf und Schmerzlosigkeit. In der ersten Zeit liegt die Kreißende meist ganz ruhig da, stöhnt vielleicht hin und wieder, während im Abstand von 10 zu 10 Minuten die Wehen aufeinander folgen. Die Augen sind kataleptisch fest geschlossen, die Frau macht völlig den Eindruck einer Schlafenden, läßt sich durch keinerlei Geräusche auf dem Kreißsaal (das Schreien anderer Frauen usw.) stören.»

«Erst mit *fortschreitender Eröffnung* ändert sich meist das Bild. Der ganze Organismus der Frau wird durch die sich steigernde Wehentätigkeit aufs intensivste angespannt. Drum kann es uns nicht wundernehmen, wenn unter dem Einfluß solch mächtiger Reize die entsprechenden Abwehrreflexe ausgelöst werden.»

---

4 Monatelang! (J.H. Schultz).

«Die Frauen beginnen sich umherzuwerfen, sie reden zusammenhanglose Worte, jammern, antworten auf diese und jene Frage (auch von seiten des Pflegepersonals), ja es wird bisweilen sogar auf der Höhe der Wehe die Katalepsie der Augenlider vorübergehend durchbrochen. Die Kreißende macht dann auf den Unkundigen einen völlig wachen Eindruck.»

«Hierdurch darf man sich unter keinen Umständen beirren lassen!»

«Die Frau jetzt aufzuwecken, weil man selbst nicht mehr an ein Schlafen glaubt, wäre der größte Fehler.»

«Man bleibe unter allen Umständen fest und warte mit dem Aufwecken, bis die Geburt vorüber ist! Dann erlebt man stets das gleiche typische, den Anfänger überraschende Bild. Die Frau erinnert sich an keinen Vorgang während der Geburt und ist sehr erstaunt über unsere Erklärung, sie habe laut geschrien. Wir können uns diesen Vorgang, nach dem, was wir an anderer Stelle über die Bewußtseinsspaltung, Reflexe usw. gehört haben, recht natürlich erklären.»

«Wir haben gerade im Gegensatz zu anderen Autoren die Geburt in Hypnose keineswegs so vollkommen ruhig, wie es oft geschildert wurde, verlaufen sehen. Oft gewannen wir den Eindruck, als ob durch den Fortfall der in der Hypnose ausgeschalteten normalen Großhirnhemmungen die Schmerzäußerungen der Frau als reiner Reflexvorgang besonders heftige Formen annahmen. Wir halfen uns dann, indem wir der Kreißenden die Hand oder eine Narkosemaske vors Gesicht hielten und ihr suggerierten, sie würde nun mit Chloroform ruhig eingeschläfert. Das nutzte zuweilen. Oder es gelang auch mal die Suggestion, daß ein Schreien einfach nicht mehr möglich sei. In anderen Fällen war jedoch der Reiz der Wehentätigkeit so stark, daß sich das Toben der Frau mit keinerlei suggestiven Mitteln unterdrücken ließ. Trotzdem bestand auch dafür später Amnesie. Fragte man nun auf der Höhe der Wehe die sich wildgebärdende Patientin nach dem Grad ihrer Schmerzen, so bekommt man häufig eine gar nicht erwartete, verneinende Antwort. Manchmal allerdings wird der Schmerz spontan zugegeben, obwohl auch nachher keinerlei Erinnerung an ihn vorhanden ist. Man kann sich diese verwickelten psychischen Vorgänge nur durch die Annahme erklären, daß sehr heftige Wehen die anfänglich tiefe Bewußtseinsspaltung vorübergehend nahezu völlig aufheben, so daß die gleichen Berührungspunkte mit dem Unterbewußtsein entstehen, wie bei einem Traum, aus dem man plötzlich auffährt und an den man sich mit fortschreitender Zeit vom Moment des Erwachens an immer weniger zu erinnern vermag.»

«Daß aber mit dem Schreien allein, und wenn es noch so sehr den Eindruck einer vollkommen wachen Handlung macht, keinesfalls eine *bewußte* Schmerzäußerung verbunden sein muß, sei an Hand einiger Beispiele dargelegt. Das für uns Nächstliegende ist das Schreien des neugeborenen Kindes, bereits zu einer Zeit, wo nachweislich die Umkleidung der Hirnbahnen mit Markscheiden noch nicht vollendet ist. Des weiteren erlebt man häufig in oberflächlicher Narkose ein Schreien oder Stöhnen der Operierten trotz Lähmung der eigentlichen Großhirntätigkeit durch das Narkotikum.»

«Erinnert sei ferner an den Goltzschen *Quarr*-Versuch: «Ein Frosch, dem die Großhirnhemisphären fortgenommen sind, läßt jedesmal seine Stimme ertönen, sobald man seine Rückenhaut streichelt. Beim intakten Tier wird dieser Reflex durch das Großhirn gehemmt» (Landois).»

«Daß in der Hypnose ebenfalls die physiologischen Funktionen des Körpers, deren Tätigkeit der Regelung durch die untergeordneten Hirnzentren unterworfen ist, ihren ungestörten Fortgang nehmen, bedarf wohl keiner besonderen Erwähnung. Die Frau äußert z.B. Durstgefühl und ihre sonstigen Bedürfnisse wie im Wachzustande.»

«Der *Einfluß der Hypnose auf die Wehentätigkeit* ist natürlich nur sehr schwer exakt nachzuprüfen. Wir neigen aber der Auffassung zu, daß eher eine Beschleunigung zu beobachten ist. Eine direkte Verzögerung der Geburt wie beim medikamentösen Dämmerschlaf fanden weder wir noch andere Autoren. Die Lehre von den psychophysischen Beziehungen hat die Abhängigkeit aller vegetativ innervierten Organe mit glatter Muskulatur von seelischen Einflüssen längst erwiesen. Analog müßte dasselbe mit dem Uterus der Fall sein. Dieser Frage kommmt zum mindesten theoretische Bedeutung zu.»

«Versuche, die Wehentätigkeit durch Suggestion in Gang zu bringen, sind von Bonjour angeblich erfolgreich unternommen.»

«Zahlreiche Fragen in diesem Gebiet bedürfen noch gründlicher Klärung. Eine exakte Beweisführung wird stets mit großen Schwierigkeiten zu kämpfen haben, da die Entscheidung des post hoc oder propter hoc unmöglich mit Sicherheit zu fällen ist.»

«*Während der Austreibungsperiode* treten die Vorzüge des hypnotischen Dämmerschlafes deutlich in den Vordergrund. Ganz im Gegensatz zum Morphium-Skopolaminverfahren hat es hier der Geburtshelfer in der Hand, die Preßwehen nach seinem Belieben zu regeln» . . .

«Man hat aus der Tatsache, daß sowohl beim medikamentösen Dämmerschlaf wie bei der Hypnose die Mutter ohne Bewußtsein ihrem Kinde das Leben schenkt, jenen beiden Verfahren den Vorwurf gemacht, daß durch sie die Frau den Höhepunkt der Geburt, um ihr erstes mütterliches Glücksgefühl betrogen würde (Nassauer, Haupt u.a.). Nicht ganz mit Unrecht. Es ist die Amnesie für die Geburt in der Tat eines der schwerwiegendsten Argumente gegen den modernen Dämmerschlaf, gleichgültig, in welcher Form er angewendet wird. Immerhin ist es doch zweifelhaft, ob wirklich das Interesse der Mutter für ihr Kind und die Liebe zu ihm, wie viele behaupten, eine Einbuße dadurch erfahren. Dann müßte doch die gleiche Gefühlsherabsetzung sich Kindern gegenüber äußern, die einer operativen Entbindung ihr Leben verdanken. Und daß dieses letztere in Wirklichkeit zuträfe, wird wohl niemand im Ernst behaupten können.»

«Man hat aus diesem Dilemma einen Ausweg gesucht, indem man die Mutter im Augenblick der Geburt aufweckte und ihr das Kind zeigte. Dies Verfahren mag der Forderung nach seelischer Teilnahme der Frau in gewissem Sinne entsprechen. Immerhin ist es bedenklich, die Patientin nach einem oft recht langdauernden Schlaf so plötzlich, als es die Entwicklung des Kindes erheischt, aus der Hypnose herauszureißen, um sie, die erst ganz allmählich zur Besinnung gelangt, ganz unvermittelt vor dieses wichtige Ereignis zu stellen. Eine solche Handlungsweise entspricht auch keineswegs der Regel, das Aufwecken möglichst ruhig und allmählich zu vollziehen.» . . .

«Wir ließen daher die Frauen ruhig weiterschlafen, ersparten ihnen auch die oft recht schmerzhafte Expression der Plazenta. Erst wenn alles vorüber, die Frau frisch gebettet, das Kind gebadet und versorgt war, dann weckten wir sie *ganz langsam* auf, nachdem wir vorher durch die entsprechenden posthypnotischen Suggestionen dafür gesorgt hatten, daß die Freude über das Neugeborene die Mutter nicht weniger beglückte, als wenn sie ihm bei vollem Bewußtsein das Leben geschenkt hätte.»

«*Die Technik des Aufweckens* erfährt keine Änderung durch eine kürzere oder längere Dauer der Geburt. Im Interesse der Patientin hat sich alles möglichst ruhig zu vollziehen. Man beachte, daß durch Zuschauer die plötzlich erwachende Frau nicht erschreckt wird, und beuge dem durch die entsprechende Suggestion vor.»

«Wohl sämtliche Geburten in Hypnose verlaufen, wenn die Frauen gut vorbereitet sind und bis zuletzt dem Hypnotiseur ihr volles Vertrauen schenken, auf die geschilderte Art. Nur beobachtet man Schwankungen in der Tiefe des Schlafes und damit eine veränderte Reaktionsfähigkeit auf den Reiz der Wehen. Die wenigsten Fälle bieten das Bild eines ganz gleichmäßig tiefen, ungestörten Schlafes, ein großer Teil der Frauen ist mehr oder weniger unruhig, ohne daß hierdurch die Amnesie für den Geburtsverlauf eine Einschränkung erfährt.»

«Dagegen erlebten wir mehrere Male ein spontanes Aufwachen anfänglich recht gut reagierender Patientinnen. Den Grund hierfür bildete, wie sich nachträglich heraus- stellte, eine kontrasuggestive Beeinflussung durch kritische oder ängstliche Angehö- rige; der eine Fall war, ein Beweis für die Gefährlichkeit *erzwungener* Hypnosen, von hartnäckigen Kopfschmerzen gefolgt. Wir unterließen natürlich den Versuch eines nochmaligen Einschläferns.»

«Vor der Entlassung der Wöchnerin aus der Behandlung bleibt dem Hypnotiseur noch eine wichtige Aufgabe: die *Desuggestionierung*, d.h. die nochmalige, ausdrück- liche Zurücknahme aller im Verlaufe der Vorbereitung gegebenen Suggestionen.»

«Die Frau soll dadurch von der Angst befreit werden, daß sie mit ihrer nun einmal bewiesenen Suggestibilität in der Folgezeit leicht das Opfer irgendwelcher Beeinflus- sung seitens skrupelloser, in der Technik der Hypnose bewanderter Laien werden könne.... Man gibt daher der Frau im Verlaufe einer oder zweier Hypnosen vor der Entlassung mit schärfster Betonung die ganz bestimmte posthypnotische Suggestion, daß sie in Zukunft nur von ärztlicher Seite und zu keinem anderen als zu therapeuti- schem Zwecke hypnotisiert werden könne. Damit erreicht man allemal, auch bei ängstlichen Frauen, den gewünschten Zustand von Beruhigung.»

Die Erziehung zur Geburtsfreudigkeit durch Entängstigung (Dr. Read) und vielfache hypnotische Erfahrungen, so neuestens von meinem Mitarbeiter Trummer (Univ.-Frauenklinik Leipzig, 1950) ergänzen und bestätigen diese Erfahrungen, die denen des Verfassers entsprechen.

«Auch die Laktation soll in geeigneten Fällen beeinflußbar sein, wie Freud, Grossmann u. a. berichten. Zur Illustration diene der Grossmannsche Fall: Bei einer 20-jährigen I- para war das Kind aus äußeren Gründen nach 14 Tagen abgesetzt; nach weiteren drei Wochen wollte die Mutter wieder stillen, doch ‹mittlerweile war die Nahrung versiegt, auf der rechten Seite vollkommen, auf der linken nahezu vollkommen...› Die sehr exakt unternommene Untersuchung bei der Patientin ergab kein Symptom der Hyste- rie. Patientin war auch sonst völlig gesund, die Brüste gut entwickelt. Aus der rechten Mamma konnte selbst auf wiederholten starken Druck nicht eine Spur von Milch entleert werden, aus der linken ab und zu ein Tropfen.»

«Patientin ließ sich leicht und tief hypnotisieren. Suggestion: Starke Blutkongestion nach den Brüsten, starke Turgeszenz, derselben, Erektion der Mamillae, Einschießen der Milch, spontanes reichliches Austreten derselben. Nach drei Minuten machte sich auf der linken Seite ein ziemlich reichliches spontanes Ausfließen von Milch bemerk- bar, das auf Druck sich noch bedeutend vermehrte, Venen sind prall gefüllt.»

«Aus der rechten Brust erschien selbst auf starken Druck noch keine Spur von Milch, die Suggestion wird daher dringender wiederholt. Nach weiteren zwei Minuten erschienen vor der rechten Mamilla mehrere kleine kolostrumähnliche Tröpfchen. Die Sekretion nimmt schnell zu, es laufen schließlich kontinuierlich große Tropfen Milch herab. – II. Sitzung nachmittags. Patientin erzählt, daß die Milchsekretion nicht nach- gelassen habe. Ihr Kind hat sie, weil ich es ihr verboten, damit der Versuch rein bleibe, nicht angelegt. 2 Hypnosen. Milchsekretion aus der linken Brust ziemlich reichlich, noch mehr aus der rechten, aus der schließlich bei leichtem Druck die Milch in großem

Bogen herausspritzt. Es wird der Patientin nunmehr empfohlen, das Kind anzulegen usw. Diese in Gegenwart eines zweiten Arztes ausgeführten hypnotischen Versuche sprechen für sich selbst.»

Psychophysische Ruhigstellung

V. Leubes *«Darmdressur»* läßt sich in Hypnose oft sehr schnell durchsetzen. So ist nach langdauernder Obstipation von vielen Autoren direkt im Anschluß an die Sitzung Stuhlgang erzielt worden. Umgekehrt konnte Krafft-Ebing die Wirkung einer starken Dosis Rizinusöl hypnotisch aufheben. Besonders leicht sind *Terminbindungen* herzustellen. Der Arzt legt die Hand erst rechts auf das aufsteigende, dann auf das quere, dann links auf das absteigende Kolon, suggeriert, nachdem er sich von V. P. ihre Sinnesempfindungen bei der Darmtätigkeit genau hat schildern lassen, das Erlebnis des arbeitenden Darmes so drastisch wie möglich und fährt fort: «diese Empfindungen treten allmorgendlich kurz nach dem Erwachen auf. Jeden Morgen 5 Minuten nach dem Aufstehen erfolgt reichliche normale Stuhlentleerung». So werden ähnliche Beziehungen geschaffen wie in Pawlows Studien über bedingte Reflexe.

Auf dem Gebiete der organischen *Muskel- und Gelenkerkrankungen* sind eine Reihe Fälle von *Lumbago* bemerkenswert, die oft auf einmalige hypnotische Suggestion schmerzfrei und beweglich wurden (Corval u. a.). Grossmann hat der Behandlung organischer Gelenkleiden verschiedenster Form seine besondere Aufmerksamkeit gewidmet; es gelang ihm sehr vielfach, den Schmerz bei verschiedenen Gelenkaffektionen zu beseitigen, freie Beweglichkeit zu erreichen und durch die Selbstmassage sowie durch leichte eigene Massage auch Schwellungen günstig zu beeinflussen. Veil betont den «geradezu zauberhaften Einfluß» der Suggestion bei fieberhaften Anfällen gewisser, besonders allergischer Polyarthritiker. J. Braid beseitigte bei sich selbst 1846 ein Torticollis autohypnotisch!

Auf dem Gebiet der *Hals-, Nasen-, Ohrenleiden* sind Fälle von organisch ausgelöstem Ohrensausen, das auf Hypnotherapie verschwand oder fast unbemerkbar wurde, bemerkenswert. Ich selbst verfüge über mehrere solche. Gehörsverbesserungen bei organisch bedingten Ohrleiden erklären sich wohl durch die hypnotische bzw. posthypnotische «Aufmerksamkeitssteigerung» und durch Übung, wenn die erste Schwierigkeit überwunden ist. Sie sind häufig erreicht, so von Corval, Wetterstrand, Moll u. a.

Vegetative Gleichgewichtsstörungen (Asthma, Migräne, Heufieber, Urtikaria, Pruritus, Neurodermatitis usw.) sind hypnotischer Beeinflussung in dreierlei Richtung zugänglich, auch wenn klare allergische Auslösungen festgestellt sind:
1. Allgemeine psychophysische *Ruhigstellung* bis in jede Einzelheit.
2. *Ausgleichssuggestion*, d. h. lebhafteste Darstellung der gegensinnigen Reaktion, also bei Migräne mit Kopfhitze: kühler Kopf; bei Asthma mit blassen kalten Füßen: intensiv warme Beine und Füße usw. Hier arbeitet rationelle Hypnose wie Hydrotherapie.
3. Allgemeine *Psychotherapie*.

So wird man z.B. beim durchschnittlichen nervös und allergisch gefährdeten Asthmatiker darstellen: 1. Ruhe, 2. kühler Kopf, frischkühl-unempfindliche Lidspalte und Nasen-Rachenhöhle bis ins obere Viertel der Trachea. Von da abwärts intensiv strömende Medianwärme (Trachea) ausstrahlend in beide Bronchien bis tief in die Lungen, 3. übende und tief-automatisierende Umbildung der Atmung, indem die Exspirations-Angst-Dyspnoe ausgelöscht und vor Inspirieren eine Pause erzwungen wird: «Ein! Aus! Pa-u-se!» Es ist mir im Gegensatz zu meiner Darstellung 1911 im Handbuch in den letzten Jahrzehnten mehrfach gelungen, auch akute schwere Anfälle und Zustände von Status asthmaticus rein hypnotisch zu kupieren[5], wie dies auch von zahlreichen anderen Hypnotherapeuten berichtet wird.

Die zahlreichen und oft so sehr quälenden allgemeinen und besonderen *Funktionsstörungen Konstitutionell-Nervöser* sind für Hypnose recht geeignet. Als Beispiel seien nur die allgemein-nervösen *Schlafstörungen* genannt, die ein buntes Gemisch von Angst, Unsicherheit, Mitleidsuche, Fehlgewohnheit, Vorurteil usw. bilden. Hier dient die Hypnose zu schneller Vermittlung ruhiger, sachlicher Haltung und in ihrem Verlaufe als «Schlafübung». Auch vielerlei Lebensunsicherheit wie Schüchternheit, Sprachstörung, Befangenheit vor Zuschauern, Lampenfieber usw. sind dankbare Aufgaben, wie die Parallelerfahrung des autogenen Trainings bestätigt!

Viel zurückhaltender sind Fälle *hysterischer Erkrankung* zu beurteilen, aber auch hier kann der Erfahrene Erfolge erringen.

Die schädlichen Folgen der Hypnose sind bei Hysterischen häufig beschrieben, speziell die Auslösung von Dämmerzuständen. Binswanger gibt dafür die sicher bisweilen zutreffende, auch von O. Vogt ähnlich formulierte Erklärung, daß in der Hypnose die Erinnerung an frühere paroxystische Zustände sich spontan einstellt und wieder solche auslöst. Wir haben auf die Notwendigkeit, sich vor Einleitung der Hypnose genau über etwa früher spontan aufgetretene Bewußtseinsveränderungen zu informieren und jedenfalls zunächst mit reiner Wachpsychotherapie vorzugehen, bereits genügend hingewiesen; besondere Beachtung verdient aber, daß zahlreichen kritischen Autoren gerade die Beseitigung von Hypnose- bzw. autohypnoseähnlichen, spontan oder nach fehlerhafter Hypnose auftretenden Zuständen, wohl hysterischer Natur, durch hypnotische Suggestion gelang, wie z.B. die Fälle von Brügelmann («Narkolepsie»), Ranschburg («Spontankatalepsie» bei starken Sinnesreizen), Forel («spiritistisch-autosuggestiver Wahn») beweisen. Die Hypnotherapie kann in Verbindung mit anderen psychotherapeutischen Maßnahmen ausgezeichnete Dienste leisten.

Daß die ältere hypnotische Literatur eine unübersehbare Kasuistik bietet, brauche ich kaum zu erwähnen, möchte aber, ehe ich die «Hysterie» in engerem Sinne verlasse, noch kurz einige Punkte der Brodmannschen Darstellungen der O. Vogtschen Hypnotherapie berühren, die gerade für die Hysteria gravis große Bedeutung besitzen, nämlich die nähere Gestaltung der Erholungsschlaftherapie. Schon Wetterstrand hatte, wie erwähnt, den Dauerschlaf mit großem Erfolge bei paroxystisch-hysterischen Zustän-

---

5 Literatur in J.H. Schultz: Asthma als psychotherapeutisches Problem (Zentralbl. f. inn. Med. 1929, 344) und Petow-Wittkower, Psychotherapie des Asthma bronchiale (Zeitschr. klin. Med., Bd. 110, S. 701, 1929). Gerade bei Asthma eine Fülle nicht immer sehr kritischer neuer Mitteilungen.

den angewandt. Vogt dosiert ihn, wenn nicht ganz besonders schwere Erregungszustände vorliegen, nicht höher als zu 20 Stunden täglich und empfiehlt es, bei günstiger Witterung die Kranken im Freien schlafen zu lassen. Die Pausen des Dauerschlafes werden der Zerstreuung oder physikalischen Heilmethoden gewidmet. Diesem eigentlichen Dauerschlaf-Verfahren gegenüber hat Vogt noch die Methode der periodischen, kurze Erholungsschlaf-Therapie ausgearbeitet; nach jeder Anstrengung werden die Kranken angewiesen, sogleich eine verschieden lange Zeit zu schlafen, und nur ganz allmählich wird die übernormale Erholungsdosis herabgesetzt, die Leistungsfähigkeit erhöht. Beide Methoden beanspruchen großes Interesse, besonders für die Behandlung Hysterischer mit Hyperästhesie gegen Ermüdungsempfindungen; sie haben aber selbstverständlich eine viel weitere Indikation als lediglich die der Hysterie, so besonders bei anderweitig bedingten Erschöpfungs- und Erregungszuständen sowie als «prophylaktischer Schlaf» bei periodisch auftretenden Beschwerden (Neuralgie, Migräne usw.).

Auch die «*traumatische Neurose*» (ein Sammelbegriff, den ich hier beibehalte, ohne damit irgendwie seine *klinische* Einzelberechtigung zu behaupten) ist in vielen Fällen einer hypnotischen Behandlung zugänglich. Ein Beispiel haben wir bereits bei der Besprechung der Methodik (Brodmann) kennengelernt, weitere bedeutsame Beobachtungen der Art lieferten u.a. Bernheim, Corval (Railwayspine) und Becker. In Beckers Fall bestand dauernd starkes Schwindelgefühl mit démarche d'ivresse. «Schreckneurosen» wurden von Hirt, Wetterstrand u.a. hypnotisch zur Heilung gebracht; Moll konnte im ersten Grad der Hypnose eine traumatische Paraplegie bei einem zehnjährigen Kind völlig zum Verschwinden bringen und sich in vieljähriger Beobachtung davon überzeugen, daß keinerlei Rezidiv oder Ersatzsymptom auftrat. Endlich benutzte Gumpertz in einem Falle traumatisch ausgelöster Zitterbewegungen den günstigen Effekt der Hypnotherapie dazu, Paralysis agitans auszuschließen, da bei diesem Leiden erfahrungsgemäß der Tremor wenig oder gar leicht beeinflußbar zu sein pflegt. Ich selbst konnte eine nach einem leichten Trauma allmählich einsetzende Motilitätsstörung des rechten Beines ohne objektiven Befund in einer Sitzung zum Verschwinden bringen und mich nach 2½ Jahren von der Dauerhaftigkeit der Heilung überzeugen. Die Erfahrung des 1. Weltkrieges haben diese Beobachtungen tausendfältig bestätigt.

Bei nervösen *Angstzuständen* kann die Hypnose sehr gute Dienste leisten, einmal um eine ruhige und energische Überwindung zu erleichtern, wobei intensive Ruhesuggestionen und durch hypnotischen Auftrag gestützte systematische Entwöhnungsversuche angestrebt werden, zum anderen durch Aufsuchen und Erledigen («Abreagieren») von quälenden Erlebnisnachwirkungen, also durch eine «Psychokatharsis» (Breuer, Freud), die typischerweise immer in oberflächlicher Hypnose (L. Frank, B. Hahn) verlaufen soll.[6]

Als anschauliches Beispiel der Hypnotherapie bei Angstzuständen diene ein Protokoll von Friedländer über einen Fall von Errötungsfurcht (Erythrophobie):

«*I. Hypnose.* Pat. erhält detaillierte Schlafsuggestion. Es gelingt nicht, durch den hyperekmmetischen Versuch eine Erklärung für den ersten Anfall zu bekommen. Nach

---

6 Über die «Psychokatharsis» als Sondermethode vgl. die entsprechenden Ausführungen in J.H. Schultz, Seelische Krankenbehandlung, Stuttgart Piscator VI, 1952, ferner speziell L. Frank, Psychokathartische Behandlung (Leipzig, Thieme, 1927). Analoge neuere Erfahrungen unter dem Stichwort «Narkoanalyse».

2 Minuten gibt Pat. an, daß von beiden Seiten her ein Nebel über seine Augen ziehe; er sehe jetzt alles wie durch einen Schleier. Nach 4 Minuten schläft Pat. Puls 80, regelmäßig; Atmung 22.

‹Sie befinden sich in einer Gesellschaft. Das Gespräch, das eben geführt wird, berührt Sie peinlich. Sie erröten!›

Puls 110, Atmung 35.

‹Sie sollen jetzt ruhig schlafen, der Anfall ist vorüber!›

Die Atmung wird ruhiger; die Pulsfrequenz nimmt allmählich ab. Das vorher intensiv gerötete Gesicht blaßt ab. Nach wenigen Minuten zeigt der Puls 78 Schläge bei 20 Atemzügen in der Minute. Nachdem Pat. im ganzen 25 Minuten geschlafen hatte, wird er geweckt. Er erinnert sich, daß er errötet ist. Die Suggestion ist ihm nicht gegenwärtig.

Am folgenden Tage (Pat. hatte verschiedene Anfälle in der Zwischenzeit):

II. Hypnose. Pat. schläft rasch ein. Keinerlei Suggestionen. Erwachen nach ¾ Stunden.

III. Hypnose (zur selben Zeit). Genaue Erklärung des Ablaufes eines einzelnen Falles. Detaillierte Gegensuggestion, die in dem Schlußsatze gipfelt: ‹Sie werden, wenn ich morgen versuche, einen Anfall von Erröten suggestiv auszulösen, imstande sein, das Eintreten des Errötens zu unterdrücken. Und von diesem Zeitpunkt an steht Ihr vasomotorisches Zentrum wieder unter der Herrschaft von Hemmungen. Sie werden im wachen Zustande das können, was Ihnen morgen in der Hypnose gelingen wird.› Nunmehr Vertiefung des Schlafes und Suggestion von Amnesie für das eben Gehörte beim Erwachen. Pat. wacht prompt auf. Es besteht Amnesie.

Nach *Erwachen* aus der Hypnose sage ich zu dem Patienten: ‹Denken Sie jetzt an Ihre früheren Anfälle. Sie werden erröten usw.›

Patient wird ganz blaß, die Pulsfrequenz erhöht sich etwas, das Gesicht erhält einen ängstlichen Ausdruck – aber es kommt nicht zum Erröten.

IV. Hypnose: Es gelingt nicht, dem Patienten das Erröten zu suggerieren.

Sechs Monate nach dieser Hypnose hatte der Patient noch einen Anfall. In der Zwischenzeit und nachher fühlte er sich völlig wohl. Mit der Ausschaltung des Errötens war er von der Angst vor dem Erröten befreit. Er selbst schreibt, mit der Befreiung von dem Erröten sei ihm sein Selbstvertrauen wiedergegeben und er fühle sich so wohl wie nie zuvor.»

Friedländer hat hier in der Hypnose geleistet, was er sich zum Ziele gesetzt hatte, nämlich «an die Stelle der überwertigen Vorstellung vom ‹Erröten› die überwertige Vorstellung vom ‹Nichterröten› zu setzen». Der Patient war ein 30jähriger, hereditär belasteter Arzt, der mit Unterbrechungen seit dem 23. Jahre an den Anfällen litt.

Bei Angstzuständen empfahl Tissié schon 1895 in Anlehnung an alte magnetische Erfahrungen, den Kranken hypnotische Nachtschlafträume zu suggerieren, in denen sie ohne jede Schwierigkeit ihre Angsthemmungen überwinden, z. B. allein gehen, reisen usw. Es ist bezeichnend für die beispiellose Unkenntnis der bestehenden Literatur, daß fast jedes Jahr ein Autor[7] mit der «Entdeckung» dieser «Methode» hervortritt. Dabei hat Habermann – New York schon vor dem ersten Kriege ein Buch über «Dream Therapy» geschrieben.

Die maligne progrediente *Zwangsneurose*, die in den mir bekannten Fällen stets nahe Sippenbeziehung zur Schizophrenie zeigte, ist hypnotisch nur im

---

7 1934 sogar zwei!

Sinne von allgemeiner Beruhigung und von Beseitigung sekundärer Beschwerden (z.B. Schlafstörungen) angehbar. Oft schleppen aber Kranke ein großes Gebäude von Zwangs*gewohnheit* mit, ohne daß sie wirklich mit starken Affekten daran gebunden wären; so kann eine «Jahrzehnte alte Zwangsneurose» gelegentlich unter Hypnotherapie verschwinden. Wer tiefenpsychologisch, besonders psychoanalytisch zu beobachten und zu untersuchen gelernt hat, wird derartige Fälle unschwer von den malignen, progredienten unterscheiden können.

Kurz erwähnt sei ferner, daß Forel, Löwenfeld u.a. bei der Behandlung der *Seekrankheit* mit Hypnose gute Resultate hatten; hier handelt es sich zum Teil sicher um die Beseitigung der Seekrankheitsphobie bzw. um eine psychische Resistenzerhöhung. Wie groß die Rolle der «Einbildung» gerade bei Seekrankheit ist, zeigt neben der Erfahrung des Alltags («psychische Infektion» usw.) bei diesem Leiden eine Beobachtung Zbindens: Ein Schiffsarzt wurde in seiner Kabine von heftiger Seekrankheit befallen, weil er nach dem Maschinengeräusch das Schiff in Fahrt glaubte. Am Morgen sah er zu seinem Erstaunen, daß es noch ruhig im Hafen lag. Das Maschinengeräusch genügte, um den ganzen Symptomenkomplex auszulösen. – Eine gewisse Übungstherapie empfiehlt, wie erwähnt, Forel, indem er die Patienten in die Hypnose schaukelt (Schaukelstuhl).

Alkoholismus

Selbstverständlich ist bei *Alkoholismus* eine Anstaltsbehandlung mit Zwangsentziehung und Bestimmung zur Totalabstinenz der übliche und, wie Forel bei Besprechung der Resultate Lloyd-Tuckeys mit Hypnotherapie betont, statistisch erfolgreichere Weg. Aber gerade der Praktiker wird vielfach bei dem Vorschlage der stationären Behandlung erheblichem Widerstande begegnen, da bekanntlich der Aufenthalt in einer «Heilstätte» oder «im Sanatorium» für sozial Exponierte eine große Schädigung bedeutet. Die Hypnotherapie des chronischen Alkoholismus wird von verschiedenen Autoren verschieden geleitet; der Unterschied bezieht sich in erster Linie auf die Mitarbeit der Abstinenzvereine; darüber, daß der Alkoholiker selbst zur Totalabstinenz zu erziehen ist, sind sich wohl alle Therapeuten einig. Während nun Hilger, O. Vogt, Fock und Forel auf die Unterstützung durch «Blaukreuz-Vereine» großen Wert legen, Delius eine vermittelnde Stellung einnimmt, wissen van Reenterghem und Hirt von keinem Patienten, daß er einem solchen Verein angehört. In dieser Frage muß also einstweilen die persönliche Anschauung des behandelnden Arztes entscheiden. Ich persönlich habe bei Hypnotherapie der Alkoholkranken die Abstinenzorganisationen nie nötig gehabt und bei einem sehr schweren Krankengut eine Erfolgsziffer von 50% bei Mindestnachkontrolle von 3 Jahren.

Was die *Technik* anlangt, begnügten sich die Autoren früher, physischen Ekel gegen jede Art von Alkohol, Erbrechen bei Genuß geringer Mengen, ja bei Geruch des Mittels zu suggerieren; dies gelingt sehr oft und führt, wie ich aus eigener Erfahrung bestätigen kann, zur Meidung alkoholischer Getränke, oft für lange Zeit. Die ungenügende psychische Unterstützung bedingt aber nach meiner Beobachtung häufig die Wahl eines Surrogates, bei Minderbemittelten Petroleum u.dgl., bei Gutsituierten Kokain, Morphin, Nikotin u.dgl. Wenn demnach auch diese Reaktion des «physischen Ekels» bei schwereren Fällen heranzuziehen ist, so sollte sie doch stets durch energische

Allgemeinsuggestionen in tiefer Hypnose unterstützt werden, die bei sensibleren Naturen allein genügen; die wesentlichsten Punkte sind: Steigerung der Selbstkontrolle, der Selbstbeherrschung; Abschwächung der Trinklust; *moralischer* Ekel gegen die Trunksucht. Als Heilformeln bei Alkoholismus bewähren sich oft die folgenden: «1. Ich weiß, daß ich keinen Tropfen Alkohol trinke, zu keiner Zeit, an keinem Ort, in keiner Form, in keiner Stimmung, in keiner Verstimmung, bei keiner Gelegenheit, in keiner Gesellschaft. 2. Andere Menschen trinken; das ist völlig gleichgültig. 3. Alkohol ist ganz gleichgültig. 4. Jeder Augenblick ist wichtig; absolute Nullinie; automatische Hirn-Kontrolle.»

Diese Gedanken sind durch Ausmalung der Konsequenzen für den Trinker, seinen Beruf, seine Familie, seine soziale Stellung eindringlich zu unterstützen. Dann kann die rationelle Hypnotherapie eine sehr wirksame Waffe gegen den Alkoholismus sein, zumal Alkoholiker meist suggestibel sind. Wiazemsky erhielt z.B. bei wenig Sitzungen in 238 von 420 Fällen (56%) sogleich tiefe Somnambulhypnosen. Die Dauer der Hypnotherapie des Alkoholismus ist im allgemeinen bei mittelschweren Fällen auf ca. $\frac{1}{2}$ Jahr zu veranschlagen, eine weitere genaue Kontrolle, am besten an bestimmten Terminen (Moll), ist dringend erforderlich. Allerdings müssen die Kranken die *Unumgänglichkeit der Totalabstinenz* wirklich innerlich akzeptiert und ihre existenzielle Gefährdung durch das Leiden schonungslos sehen gelernt haben. Gelegentlich wird diese Forderung erst ganz ernsthaft angenommen, wenn – gegen den Rat des Arztes – der immer wieder verhängnisvolle Wunsch nach «Mäßigkeit» statt nach «Null-Linie» angestrebt wird, etwa in einem an die Hypnotherapie anschließenden autogenen Training, und nun nach einiger Zeit die Rückfallskatastrophe eintritt.

Auch die *stationäre Behandlung* kann hypnotherapeutisch sehr wesentlich unterstützt werden, namentlich durch Abschwächung oder, in günstigen Fällen von *Morphinismus* erworbener Form. (Echte «*Morphinisten*» reagieren nicht.) Ich möchte als Beleg nur die Krankengeschichte eines von Wetterstrand behandelten Kollegen, Landgreen, anführen. Dieser blieb im Anschluß an eine schwere Polyarthritis im Alter von 35 Jahren am Morphium und stand 1871–1878 ständig unter Morphin. Durch eine Krankenhausbehandlung im Sommer 1878 wurde vorübergehend Abstinenz erreicht, aber unter dem Einfluß der Abstinenzerscheinungen erfolgte bereits im Herbste desselben Jahres ein Rezidiv, das zu Dauerabusus von 30–40 ctg führte. Wetterstrand gelang es, in vier Wochen mit 2–3 Sitzungen täglich (Hypotaxie) «eine unbeschreibliche Linderung» der Beschwerden und einen absoluten Widerwillen gegen Opiatgebrauch zu erzielen, der *in den 2½ Jahren*, die seit der Entziehung verflossen, eher zu- als abgenommen hat. Landgreen hat seine Leidensgeschichte selbst nach 16 Jahren (!) publiziert (1894). Die Behandlung wurde in der Wohnung unter Aufsicht einer absolut zuverlässigen Wärterin durchgeführt. –

Einzelfälle hypnotischer Entziehungskuren mit Dauerheilung sind sehr zahlreich von allen bekannteren Hypnotherapeuten mitgeteilt, so auch *Schlafmittel*entziehung (Chloral, Sulfonal usw.); hier spielt die suggestive Herbeiführung des Schlafes eine wesentliche, unterstützende Rolle.

Auch die Entwöhnung von übermäßigem Genußmittelgebrauch, besonders von *Nikotin* (Forel, Heim u.a.), gelingt oft endgültig und beschwerdefrei durch Hypnotherapie. In all diesen Fällen sind die beim Alkoholismus erwähnten Formeln und Allgemeinsuggestionen mutatis mutandis in den Vordergrund zu stellen.

Widersprechend sind die Mitteilungen über die Behandlung *psychosexueller Anomalien* mit Hypnose; während bei den Störungen rein funktionellen Charakters, besonders bei der nervösen Impotenz beider Geschlechter, sehr gute Erfolge berichtet sind (Corval, Steiner, Löwenfeld u.v.a.), ebenso bei funktionellen Reizzuständen der psychosexuellen Sphäre: gehäuften Pollutionen, Ejaculatio praecox, Vaginismus usw. (Forel, Trömner, Steiner u.v.a.), liegen die Haupterfolge der Hypnotherapie bei den eigentlichen Perversionen in einer Zeit, wo die Wirkung der allgemeinen Psychotherapie noch unterschätzt wurde. Tatzel, Fuchs, v. Schrenck-Notzing u.a. erzielten mit Hypnotherapie Dauererfolge (4–5 Jahre Beobachtung); Lloyd-Tuckey scheidet 1907 schon die Fälle, wo der Patient nicht mit voller Energie die Heilbestrebungen unterstützt, als ungeeignet aus. Jedenfalls versuche man nicht etwa, in einer einzigen Hypnose eine Homosexualität oder homosexuelle Betätigung bei einem Bisexuellen durch eine gegenteilige Suggestion «fortzuzaubern». Gerade hier ist genauestes Eingehen auf den Patienten Bedingung für das ärztliche Handeln und für seinen Erfolg. Wieweit Hypnotherapie dabei heranzuziehen ist, muß von der Lage des Falles abhängig gemacht und in gewissem Sinne der Entscheidung des Arztes überlassen werden.

«Pathologische Gewohnheiten» engeren Sinnes, die der Wachpsychotherapie gegenüber sehr hartnäckig sind, reagieren oft auffallend prompt und mit dauerndem Erfolg auf Hypnotherapie. Ich nenne als Beispiel nur das Nägelkauen, Haarzupfen, Gesichtszucken.

Enuresis

Anhangsweise möchte ich noch ein sehr häufiges Symptom erwähnen, das oft in geradezu idealer Weise hypnotherapeutisch zu beeinflussen ist, die *Enuresis diurna* und *nocturna* bei *geistig Vollwertigen* und *Organgesunden* («spina bifida» hat z.B. nur kosmetische Bedeutung!). Ich kann nach recht ausgedehnter Erfahrung an Kranken von $6\frac{1}{2}$ bis 23 Jahren mich der von allen erfahrenen Hypnotherapeuten gegebenen Empfehlung der Hypnotherapie für diese Fälle vollständig anschließen. Selbstverständlich ist die Enuresis ein Symptom heterogener Erkrankungen, was auch die Differenzen des therapeutischen Erfolges erklärt. Vom Standpunkt der Therapie scheiden wir zweckmäßig eine Form mit pathologisch tiefem Schlaf von einer anderen, wo irgendwelche Erregungen (psychische Traumen!) diesen Schlaf stören, ferner eine vorwiegend *motorische* von einer vorwiegend *sensiblen* Form. Bei dieser wird der Abgang von Harn (oft auch Stuhl) nicht bemerkt; bei jener besteht Unfähigkeit, die Sphinkteren zu beherrschen, obwohl die Entleerung beobachtet wird.

Bei der *Enuresis diurna* gehen wir ganz verschieden vor, je nachdem es sich um eine mehr motorische oder mehr sensible Schwäche handelt.

Die Grundlage der *«motorischen»* Enuresis bildet meist ein gesteigerter Urin*drang* (Janets «pollakisurie»). In leichter Hypnose werden nun Termine der Urinentleerung gesetzt und durch immer weitere Zwischenzeiten systematisch der pathologische Urindrang herabgesetzt; für die Zwischenzeit werden allgemein pädagogische und beruhigende Suggestionen gegeben. Die motorische Enuresis diurna ist ein exquisit gutartiges Leiden, das fast immer nach 2–3 Sitzungen beschwerdefreie Pausen von 3–4 Stunden und damit Heilung erreichen läßt.

Hartnäckiger ist bisweilen die *sensible Form der Enuresis diurna*. Nur selten gelingt es, in einem psychischen Trauma mit anschließender Dissoziation die Ätiologie aufzudecken (Franck); in den meisten Fällen müssen wir uns begnügen, mit aller Energie die fehlenden Empfindungen zu wecken, wobei wir uns zweckmäßig der Somnambulhypnose mit Hyperästhesie bedienen. Die Hände des Arztes werden auf die Blasengegend gelegt und nun die Sensationen der Entleerung möglichst anschaulich geschildert, ein Gefühl der Völle, des Druckes, des Unbehagens, ein Kitzel-, Brenn- und Krippelgefühl und das Bedürfnis zu urinieren. Sehr häufig verlangen die Kranken (besonders Kinder) sogleich nach dem Nachtgeschirr, und man läßt nun, ohne die Hypnose zu unterbrechen und unter eindringlicher Suggestion intensiver beleitender Empfindungen, urinieren. Tritt diese oft beobachtete Reaktion ein, so kann man mit Bestimmtheit auf Erfolg rechnen; bleibt sie aus, so ist der Patient zu wecken, zu beobachten und einige Male der Versuch zu wiederholen. Bei indolenten Kranken empfiehlt es sich, den Eindruck der Verbalsuggestion durch schmerzhafte Reize, besonders intensives Faradisieren der Lumbalgegend zu verstärken. Der Schmerz wird mit den Empfindungen der Blasenfüllung fest assoziiert und lenkt später im Wachleben gebieterisch die Aufmerksamkeit auf die Entleerung, besonders wenn diese Assoziation ausdrücklich suggeriert wird.

Bei der *Enuresis nocturna* sind zunächst die Schlafstörungen zu behandeln; viele Patienten legen sich bereits ängstlich ins Bett, besonders Kinder «energischer» Eltern. Diese Angst ist zunächst zu beseitigen und die Autosuggestion, daß kein Einnässen eintreten werde, gerade für die Zeit vor dem Schlafengehen mit eindringlichen Terminsuggestionen dauernd zu fixieren. Die «motorische Form» wird durch weitere Terminsuggestion kupiert, indem je nach der Ausdehnung der im Wachzustand erreichten Pause, 3- bis 6maliges Aufwachen nachts suggeriert und das Verhalten beim Erwachen genau geschildert wird: Leichtes, angenehmes Erwachen, sofort aufstehen, urinieren (wo und wie), ruhig wieder zu Bett gehen, sofort wieder einschlafen. Wird der Termin nach Stunden angegeben, so muß im Schlafzimmer, besonders bei Kindern, eine Uhr hängen, deren Schlag die Realisierung fördert. Oft sind die Kinder am nächsten Morgen amnestisch. Diese Unterbrechungen des Schlafes werden nun immer seltener suggeriert, schließlich schläft der Kranke durch.

Hier sei eine tragikomische Beobachtung aus meiner Erfahrung eingefügt, die deutlich zeigt, wie außerordentlich leicht derartige suggestive Terminweckeinstellungen aufgenommen werden. Eine 50jährige Frau brachte 1922 ihre 14jährige Nichte mit Enuresis nocturna und blieb bei 5 Hypnosen im Dunkelzimmer mit anwesend, nach denen bei Kranken die Weck- und Entleerungsaufträge Erfolg hatten. Nach einigen Wochen fand sich in meinem Wartezimmer eine mir ungewiß bekannt vorkommende ältere Arbeiterfrau ein, die auf Befragen sich als die Tante der Enuresis-Kranken in Erinnerung brachte. Auf meine Frage, ob ein Rückfall eingetreten sei, erwiderte die Frau, nein, das Mädchen sei in Ordnung, aber sie müsse nun selbst jede Nacht um 12, um 2 und um 4 aus dem Bett und die Blase entleeren, was sie immer erst merke, wenn sie schon auf dem Topfe säße, und dann «könnte sie sich doch so ärgern». Eine einmalige zurücknehmende Hypnosuggestion hob diese ungewollte Beeinflussung wieder auf; die Frau war offenbar im Dämmer des Dunkelzimmers unter hypnotischen Einfluß der monotonen Formeln geraten.

Bei der «sensiblen» Form der Enuresis nocturna ist größtes Gewicht auf die Wahrnehmung der bevorstehenden Entleerung zu legen und energisch zu suggerieren, daß der Schlaf niemals so tief wird, daß ein Nichtbemerken eintritt; die sonstige Schlafbehandlung wie bei der «motorischen» Form. Man vergesse nie, die Kranken, besonders Kinder und Jugendliche, beim Ehrgefühl zu packen (Ringier) und eine ausgiebige «psychische Orthopädie» anzuschließen.

Bei diesem Vorgehen kann man in 70–80% der Fälle auf Heilung rechnen (Liébeault, Bérillon u.a.). Über die von Farez, Sante de Sanctis u.a. empfohlene Therapie der Enuresis nocturna durch Suggestionen im Normalschlaf, die je nach der Tiefe des Schlafes leise oder im Kommandoton zu geben sind, liegen ausgedehntere Erfahrungen noch nicht vor. Ich kann nach einigen wenigen Fällen bestätigen, daß man so Erfolge hat. Victor von Weizsäcker empfahl sie 1942 erneut.

Psychosen und organische Erkrankungen des ZNS

Bei eigentlichen Psychosen ist der Anwendungsbereich der Hypnose bescheiden. Wenn auch Schilder, Kogerer u.a. Hypnosen bei Delirium tremens und anderen schweren Bildern gelangen, ist bei Schizophrenie vor Hypnose zu warnen und Beschäftigungs- und Tiefentherapie die Methode der Wahl. Bei manisch-depressiven Kranken heben schwere Zustände die Kontaktmöglichkeit auf. Lediglich bei abklingenden Depressionen kann symptomatisch gemildert werden (Schlaf!), nur gelegentlich ein hinschleppender Rest von Lebensangst, der sonst chronische Verläufe vortäuscht, mit vollem Erfolge hypnotisch angegangen werden (Kraepelin).

Bei *organischer Erkrankung des Zentral*-Nervensystems sind Erfolge möglich; so bei multipler Sklerose, bei Tabes, wo eine hypnotische Sinnesempfindungssteigerung Übungserleichterungen vermittelt. Auch die Grenzen der Sensibilitätsstörung bei Syringomyelie sind hypno-suggestiv einzuengen *(Inglessis)*. Für die Beurteilung dieser Möglichkeiten muß der Arzt sich klar sein, wie weit der Weg vom anatomischen Bilde zum lebendigen Kranken ist und wie zurückhaltend man mit vorschnellem Annehmen einer absoluten Destruktion sein muß. Bei postenzephalitischen Störungen sind Erleichterungen möglich.

Bei *Epilepsie* gelingt es nicht selten, hypnotherapeutisch die Zahl der Anfälle zu verringern, teils durch allgemeine Ruhigstellung, teils durch Aufhebung psychischer Auslösungen.

Amnesien sind bei Epilepsie nicht selten, bei Psychopathen immer hypnotisch aufzuhellen. In einer Studie über Psychopathologie und Psychotherapie amnestischer Zustände[8] habe ich diese Frage ausführlich behandelt. Technisch

---

8 Zeitschr. z. Neurol., Bd. 89, S. 107, 1924, Dort Literatur.

beginnt man bei der Hebung von Gedächtnislücken mit ihrem erinnerten Anfang oder Ende und suggeriert nun dem in diese Situation versetzten Hypnotisierten Fortgang oder Rückrollung des Erlebnisses. So konnte ich einen Fugue-Zustand von 6 Monaten Dauer mit kompletter Amnesie, eine mit Vergiftung verlaufende Verschleppung in die Fremdenlegion u.a.m. aufklären. Die Wiedererreichung der fehlenden Gedächtnisleistungen führt zu einem ausgesprochenen «Erlösungserlebnis» (J.H. Schultz) von erheblicher therapeutischer Bedeutung.

Als Beispiel diene ein Teil des Protokolls, das den erwähnten Verschleppungsfall betrifft.

Es handelt sich um einen zwanzigjährigen gesunden jungen Menschen, der an einem Mittwoch des Jahres 1922 auf dem Hauptbahnhof in Leipzig das Bewußtsein verlor, am Freitag in Mainz unter Bewachung farbiger Soldaten wieder zu sich kam, dort entfloh und sich in deutsche Schutzhaft begab, wo er von seinem Vater abgeholt wurde. Irgendwelche hysterischen Zeichen hat der Patient nie geboten, er hatte nachweislich nur wenig Geld bei sich, das sich zum großen Teil noch bei ihm vorfand, und bot nach keiner Richtung hin Motive zu irgendeiner Abenteuerfahrt. Im Wachzustande erinnerte er sich nur noch daran, in Leipzig zu Mittag gegessen zu haben, und dann seine Ankunft und Flucht in Mainz.

Hier blieb im Anfang der hypnotischen Sitzung zunächst ein völliges Kleben am Bahnhof in Leipzig; allerdings ergaben sich schon auch hier interessante Einzelheiten, so konnte die Versuchsperson zum Beispiel den bedienenden Kellner in Leipzig nach seinem Äußeren genau schildern und bei einigem Drängen auch seine Reviernummer angeben, Angaben, die sich bei Nachprüfung bis ins einzelne bestätigten. Dann trat eine Hemmung ein, die erst überwunden wurde, als nun eine Zeitlang vom Ende der Gedächtnislücke rückgängig gearbeitet wurde. Nachdem so die Reproduktion in Fluß gekommen war, gelang es auch vom Anfang der Lücke aus weiterzukommen. Das wesentliche Resultat der ganzen Rekonstruktion war, daß die Versuchsperson auf dem Bahnhof in Leipzig mit zunehmender Benommenheit, nachfolgend häufigem Erbrechen und eigentümlich kratzenden Gefühlen im Hals erkrankte und in diesem hilflosen Zustande von zwei französisch sprechenden Unbekannten kreuz und quer verschleppt wurde. Es handelte sich offenbar um eine Zwangswerbung für die Fremdenlegion. Aus der dritten Sitzung dieser Arbeit entnehmen wir die folgenden Protokolle: die Versuchsperson bezeichnete die beiden Schlepper als den «Kleinen» und den «Großen».

3. Sitzung den 3. 10.1922.

Nachmittags 5,02:

Alles geht durcheinander, Leipziger Hauptbahnhof an, gehen am Zug entlang, Corbetha an, scheint es dunkel zu sein, stehen noch auf dem Bahnsteig, jetzt gehen wir nach dem Warteraum ... gehen nach einer Ecke zu, scheinen uns hinsetzen zu wollen (?), das üble Gefühl ist mir immer noch ... ich sehe mich am Tisch sitzen, die beiden neben mir, Tisch-Ecke von Warteraum, ... jetzt wird mein Befinden besser, Übelkeit läßt nach, (?) munterer, die beiden blättern in einem kleinen Buch, der eine geht raus ...

5,09: Jetzt kommt der Gr. wieder, sagt dem andern was, dieser antwortet, guckt nach mir, beide mustern mich, der Kl. rückt an mich ran, mustert meinen Anzug, ... die scheinen was von mir in die Hand zu halten, einen Gegenstand ... jetzt bekomme ich den Gegenstand wieder, sieht so aus wie meine Brieftasche ... jetzt wird mir schlecht ... ich habe

(?) nichts geraucht oder gegessen... es scheint draußen heller zu werden, es kommt mir so vor, als hätte ich geschlafen, die andern saßen so zum Schlafen (?), es muß Sonnenaufgang sein, es ist der Bahnhof von gestern abend... Jetzt stehen beide auf, rütteln an mir, ich kann gar nicht so richtig stehen (?), Brust beklommen... Übel... Hals kribbeln, keine Stichschmerzen... der Gr. stützt mich, wir gehen raus an den Zug...

Wie war die Türe des Warteraumes?

Größere Tür, Drahtgeflecht, von unten bis zu halber Höhe Scheiben, nicht so sehr breit, eckig, Tür... (?), Beleuchtung im Wartesaal, dunkel, wenig Menschen, Tische haben keine Decken, Holzplatten, Bild an der Wand links (beim Hereingehen) von der Tür, bunt, dunkelbrauner Rahmen...

5,20: Kl. vorneweg zum Schnellzug, wir gehen in eine Tür, es sind lange Wagen, wir bleiben vor einer Tür stehen, ich muß mal so spucken, jetzt gehen wir rein. Es scheint zu regnen, Zug nicht mehr voll, es ist ein junger Mann drin, wir haben ein Abteil, er scheint geschlafen zu haben (?), er hat nichts mit den beiden zu tun... Beide sitzen mir gegenüber... draußen fragt der Gr. son Mann auf Deutsch nach... Bergen...

Haben Sie eine Station nennen gehört?

5,26: nein, Zug fährt...

Was tun Sie?

Ich stehe auf, gehe raus, Gang nach dem Abtritt (?), Befinden schlecht, wäre beinahe hingefallen, muß erbrechen, prickelt auf der Brust (?). Erbrechen, schmeckt säuerlich (?), kein Stuhl, kein Urin, Rücken kalt... gehe zurück, auf dem Gang steht schon der Kl., kauere mich ins Abteil... der

5,30: Fremde sieht mich an (?), er sieht aus wie... Wanderbursche, hellrote Gesichtsfarbe, freundlich blaue Augen, sehr kleiner Hut, kleine grüne Krempe, sieht so komisch aus (?), einige zwanzig Jahr...

Nummer Coupétür

nein... es wird draußen heller, wir fahren an Schluchten vorbei, es saust ordentlich... (?), sehe so steile Wände, an den die Bahn entlang fährt, auf beiden Seiten manchmal, daß dunkle Bäume...

5,36:... sehe eigenartige Kirchen... kann nicht richtig erkennen... so (?) weiße Kirchen, Häuser aus rotem Steinwerk... Zug fährt schon wieder weiter... (?), Stationsname nicht lang... letzte Silbe betont... kann es nicht so richtig bringen... klingt so wie Mahr, scheint wie Weimar... Zug fährt weiter...(?), die Begleiter reden mehrmals laut miteinander von Ankommen, reden Deutsch, der eine Gr. fremdländisch, der Kl. richtig, ich glaube sächsisch, ich höre von Bebra... sind wieder still...

(?) haben im Warteraum beide gesessen.

Haben Sie was gegessen?

Sie wollen mir was anbieten, konnte nicht, habe mich lieber hingelegt... Zeit wie vorhin...

5,46: Knattert draußen wo (?), unter den Rädern... Zug hält... wir stehen auf, gehen raus... kl. Bahnhof, direkt am Zug... Gr. fragt Bahnhofsvorsteher nach Zügen (?), wir stehen weiter ab, jetzt winkt Kl. dem Gr. ab... wir gehen weg, sind doch am Bahnhof (?), es muß ein kleiner Ort sein, es ist viel Betrieb...

Können Sie ein Schild erkennen?

5,55: Ja, es steht was Kurzes oben... erster Buchstabe R, drei Silben drin... nach einem B am Ende ein a... (?), jetzt kommt es gleich... Bebra, es muß Mittagszeit sein, wir sind noch auf dem Bahnhof... ich sehe eine Uhr, aber nicht genau... ich sehe sie nicht mehr, sehe ein Gesicht vor mir... hat eine Brille auf, Mann mit Hornbrille, muß ich schon mal gesehen haben, sieht nicht ausländisch aus... sehe Uhr... beide Zeiger dicht oben, gegen 11 oder 12 Uhr... (?). Befinden etwas besser... setzen uns auf eine Bank, der eine gibt mir was, ich greife danach, scheint ein Stück Brot zu sein, es ist nicht trocken, eine Stulle... habe reingebissen, schmeckt nicht gut, es schmeckt schlecht, als ob was Schlechtes dran wäre, ich lege es weg... (?). Befinden gleich...

Wieviel haben Sie gegessen?

Ein paar Bissen...

Was tun die andern?

Reden eifrig zusammen, der eine gebrochen, ich kann nicht verstehen, sie gehen weg. Befinden ist schlechter... Bahnhof wieder leerer...

6,06: Ich stehe auf, gehe langsam weg nach rechts, kehre wieder um... (?), stand auf, weil mir wieder besser danach wurde... gehe wieder eine ganze Weile, kommt der Kl. und ruft mir etwas zu, kann nicht richtig verstehen, sitze wieder, Kl. neben mir. Kl. sagt einen kurzen Satz recht freundlich.

6,14:

(?) Zustand etwas schlimmer...

Was sehen Sie?

... Son paar Züge, die wegfahren. Keine Menschen mehr da...(?). 4 Uhr... Gr. nicht da... Gr. kommt wieder, sagt dem Kl. was, dieser geht weg...

6,14: der Gr. steht vor mir, sieht mich an und setzt sich neben mich... jetzt sehe ich mich im Zug, es ist etwas voll, ich habe Platz, der eine steht...

Sind sie vom Bahnsteig direkt in den Zug gestiegen?

Es ist dunkel...

Nach der ganzen Schilderung des medizinisch völlig ungebildeten jungen Mannes hat es sich um eine Atropin- oder Skopolaminvergiftung gehandelt.

Über die Technik hypnotisch schmerzfreier, meist mit Amnesie verlaufender Operationen, über hypnotische oder «Hypnonarkose» hat E.B. Speer – Lindau im Anschluß an unsere gemeinsamen Studien in Jena 1919 besonders klare und gründliche Darlegungen gegeben. V. P. muß in der 2 bis 6 Wochen dauernden hypnotischen Vorbereitung zu möglichst tiefer (Somnambul-)Hypnose geführt werden und in dieser die Operation mit allen Einzelheiten (Lagern, Desinfizieren, Schnittführung, Klemmen, Tupfen usw.) so eingehend erleben, daß jedes Überraschungsmoment wegfällt. Bei genügender Geduld und Erfahrung des V. L. sind so Strumektomien, Mamaamputationen und Ausräumung der Achsel, Appendektomie usw. ohne jede allgemeine oder örtliche Betäubung störungsfrei durchgeführt. So berichtete ein englischer Arzt aus Calcutta bereits 1819 über 120 große Eingriffe im «magnetischen» Schlafe. Oft fällt die geringe Blutungstendenz und die Reaktion der Blutung auf hypnotische Suggestion auf. Wenn auch für diese großen und «dramatischen» Zwecke Tiefhypnose angestrebt wird, gelingen doch recht bedeutende Eingriffe auch schmerzfrei in Hypnose II. Grades. Die klinisch-therapeutischen Beispiele ließen sich noch unbegrenzt vermehren, ohne daß sich meines Erachtens für die Technik grundsätzlich Neues ergäbe.

Rückblick

Rückblickend ergeben sich für die therapeutische Verwendung der *Hypnose*, wie in meiner «Seelischen Krankenbehandlung» näher ausgeführt, *grundsätzlich vier* verschiedene *Möglichkeiten*.
1. *Beruhigende und erholende* Hypnotherapie,
2. *Rein suggestive* Hypnotherapie,
3. *Gedächtniserweiternde (psychokathartische* und *psychoanalytische)* und sonst leistungssteigernde Hypnotherapie.
4. *Allgemein psychotherapeutische Hypnotherapie*, d.h. eine bestimmte Aufgabe der allgemeinen Psychotherapie unterstützende oder eine die allgemeine Psychotherapie erst ermöglichende Hypnose. Für das Letzte ist die Charaktererziehung der Süchtigen in Hypnose ein Beispiel (Trinker).

Behält der Arzt die zentrale Erkenntnis der modernen Medizin, die Lehre von der geschlossenen einheitlichen Ganzheit des Organismus und der Allgegenwart nervöser Funktionsregulationen im Auge, so rückt die Hypnose als psychisch herbeigeführte, mit bestimmten Kennzeichen der Entspannung und Sammlung versehene bionome Organismusumschaltung an den ihr gehörigen Ort. Aber *nur der Arzt ist in der Lage, die Verantwortung für die neuroorganismische Umschaltung der Hypnose zu tragen.* Die gesicherten Tatsachen hypnotischer Experimente und kritischer hypnotherapeutischer Erfahrung beweisen, daß überall, wo Funktionen abwegig sind, ein hypnotischer (psychotherapeutischer) Zugriff möglich ist, auch wenn die Störung nicht im engeren Sinne «psychogen» ist. So reagieren z.B. die Tachykardien Hyperthyreotischer, die Wallungen Klimakterieller, die Kohlehydratempfindlichkeiten Diabetischer, die postoperativen Störungen (besonders etwa bei Basedow), die subjektiven Beschwerden und objektiven Störungen bei chemischer Narkose, die endokrinen Schwankungen bei Magersucht – kurz die unendlich vielgestaltigen Bilder funktionaler Pathologie beim «Gesunden» und bei destruktiv Kranken oft in überraschender Weise auf Hypnose (Psychotherapie).

Mancher öffentliche Triumph anmaßender Kurpfuscher bliebe dem Ärztestand nicht verloren, wenn diese grundsätzliche Erkenntnis Allgemeingut wäre, wenn der große Kampf um die «Psychologisierung des Arztens» schon erfolgreich beendet wäre. Denn nur ein guter Seelenkenner kann ein guter Arzt sein.

Hypnose und Autogenes Training (Selbsthypnose) in der Rehabilitation

von W.-R. Krause, Füssen und Blankenburg/Harz

Rehabilitation – allgemeine und gesetzliche Grundlagen

Als Ziel einer Rehabilitation gelten Maßnahmen zur Wiedereingliederung von sozial, geistig(-seelisch) oder körperlich benachteiligten Personen («Behinderte») in das Berufs- und Privatleben.

Die WHO beschreibt eine Behinderung auf drei Ebenen:

Ein Schaden eines Organes, Organsystems oder des Gesamtorganismus (= impairment), der mit der üblichen medizinischen Diagnostik festgestellt wurde, führt zu funktionellen Einschränkungen im Alltag (= disability), die wiederum Beeinträchtigungen der sozialen Funktionen in Familie, Freizeit und Beruf (= handicap) bedingen.

Aus Langzeitstudien zu Rehabilitationsverläufen ergab sich u.a., wie wichtig es ist, welche Strategien und Verhaltensweisen ein Patient wählt, um seine Behinderung zu bewältigen (= coping). Entsprechend müssen Diagnostik und Therapie in der Rehabilitationsmedizin deutlich über das hinausgehen, was in der Akutmedizin erfaßt wird: Die gesamte «bio-psycho-soziale Situation» des Rehabilitanden muß erfaßt und berücksichtigt werden (22).

Als Leitsatz gilt: Rehabilitation geht vor Rente. – Vor einer Berentung sind also nachweislich alle Möglichkeiten der Rehabilitation auszuschöpfen (§ 7 des Rehabilitationsangleichungsgesetzes). Gerade die Ausschöpfung *aller* Möglichkeiten ist offenbar nicht immer gegeben; bzw. erst nach einer langen Odyssee von rein somatisch ausgerichteten Therapien wird bei primär körperlich begründeten Störungen auch an eine Psychotherapie gedacht. Andererseits beschränken sich auch viele Psychotherapeuten auf rein seelisch bedingte Krankheiten.

71

Das «Hypnoid» als kleinster gemeinsamer Nenner

Unter den über 200 Arten der Psychotherapie ist die Hypnose – mit ersten Hinweisen bereits vor 6000 Jahren – die mit Abstand älteste (19). Nach einer Blütezeit Anfang unseres Jahrhunderts wird sie z.Z. im deutschen Sprachraum nicht so häufig angewandt wie im angloamerikanischen. Sie wird mit einer muskulären Entspannung eingeleitet und geht mit einer vegetativen Umschaltung einher; sie müßte daher besonders geeignet sein, in psychophysiologische Abläufe einzugreifen.

Barolin (2) schreibt dem Hypnoid eine zentrale Rolle in der Wirkung psychotherapeutischer Maßnahmen zu. Möglicherweise ist das gezielte Versenken in eine hypnoide Umschaltung und das Wiederauftauchen daraus ein ganz wichtiges menschliches Phänomen. Einerseits sei es in unserem stark rational gesteuerten Leben weitgehend in den Hintergrund getreten; andererseits könne es, durch systematisches Wiedererwecken und Üben an sich, bereits therapeutisch wirken. – Verkürzt stellt sich das gesamte menschliche Leben als rhythmische Funktion in einem Pendelschwung zwischen Ergo- und Trophotropie dar. Wird keine dieser polaren Dimensionen situationsgerecht erreicht, sondern das Individuum larviert bzw. balanciert ständig in einem Zwischenstadium, kann es zu Störungen kommen. Hierbei handelt es sich natürlich um eine Vereinfachung.

Ein gewisser suggestiver Effekt ist mehr oder weniger vielen Psychotherapiemethoden eigen. Wir konzentrieren uns hier auf den Bereich der Rehabilitation und nennen der Vollständigkeit halber außer der klassischen Fremd- oder Heterohypnose 3 Konzepte, bei denen Suggestion als Hauptkomponente eingesetzt wird.

- Das aus der Fremdhypnose entwickelte Autogene Training (AT – Selbsthypnose)
- Feedbackmethoden unter besonderer Berücksichtigung des Respiratorischen Feedbacks (RFB)
- Das Katathyme Bilderleben (KB)

Den genannten Methoden ist der breit gefächerte Einsatz bei folgenden Hauptindikationen gemeinsam:

- Psychotherapie im engeren Sinn und in der Psychosomatischen Medizin
- Psychohygiene – Beratung gesunder Menschen zur
  a) Prophylaxe
  b) Optimierung
  der physiologischen Gegebenheiten.

Das therapeutische Geschick eines jeden Behandlers liegt darin, differenziert und individuell beim Patienten zum richtigen Zeitpunkt eines der erwähnten Konzepte zu nutzen.

Für den ärztlichen Hypnotherapeuten ist eine breite, über die Hypnosetechniken hinausgehende Psychotherapieausbildung zu fordern.

Die klassische Heterohypnose

Wie erwähnt, war die Nutzung der ärztlichen Hypnose im medizinischen Bereich in den letzten Jahrzehnten – bedingt durch neue Erkenntnisse und methodische Fortschritte in der allgemeinen Psycho-, aber auch in der Psychopharmakotherapie – starken Schwankungen unterworfen. Der Weg zum therapeutischen Erfolg kann aber manchmal gegenüber anderen Verfahren wesentlich kürzer und effektiver gestaltet werden, wie es *Kleinsorge*, nach über 40jähriger Erfahrung in komprimierter Form (16) anschaulich darstellt. Weitere deutschsprachige Übersichten finden sich u.a. in (6, 14, 15, 18, 23, 26).

Schmerztherapie

Das Phänomen der Analgesie und damit die mögliche schmerzfreie Durchführung einer Operation war der entscheidende Anlaß für J. Braid, die Hypnose im 19. Jahrhundert wieder in der Medizin einzusetzen.

Nach Hoppe (10) können wir 4 Vorgehensweisen bei hypnotischer Schmerztherapie unterscheiden:

1. Der Therapeut suggeriert meist wiederholt Schmerzlinderung. Der Patient ist dabei passiv in Hypnose.
2. Der Patient wird in Hypnose angeleitet. Er benutzt Selbsthypnose und Suggestion als Copingstil.
3. Der Therapeut gibt Suggestionen, die sich auf psychische Inhalte beziehen, die er hinter den Schmerzen vermutet (z.B. Ängste, Partnerprobleme).
4. Im Rahmen eines psychodynamischen Vorgehens werden im Hintergrund stehende traumatische Erlebnisse aufgedeckt (Kindheitserlebnisse, Vergewaltigung o.a.).

Nach Erickson (7) sind 11 verschiedene Techniken der hypnotischen Schmerzbeeinflussung zu nennen:

1. Direkte hypnotische Suggestionen zur totalen Schmerzbeseitigung
2. Permissive, indirekte hypnotische Suggestionen
3. Amnesie
4. Hypnotische Analgesie

5. Hypnotische Anästhesie
6. Hypnotische Ersetzung der Substitution von Empfindungen
7. Hypnotische Verschiebung des Schmerzes
8. Hypnotische Dissoziation
9. Hypnotische Neuinterpretation von Schmerzen
10. Hypnotische Zeitverzerrung
11. Schmerzen durch hypnotische Suggestionen verringern, statt sie völlig zu beseitigen

Eine große Anzahl von Einzelfallberichten über eine drastische Schmerzreduktion bei akuten und chronischen Kopfschmerzen durch Hypnose genügen nicht immer heutigen wissenschaftlichen Ansprüchen. In der Praxis sind die individuellen Eigenschaften des Patienten wesentlich, z.B.:

1. Fähigkeit zur Imagination,
2. Suggestibilität,
3. Vorerfahrungen und Einstellungen zur Hypnose.

Dies muß im Vorgespräch mit den Rehabilitanden oder durch entsprechende Tests vor dem Einsatz der Hypnose möglichst geklärt werden.

Da Schmerz immer auch Warnzeichen einer akuten Erkrankung mit vitalen Komplikationsmöglichkeiten sein kann, hat stets eine aktuelle Diagnostik zu erfolgen. Man verlasse sich nie auf veraltete Vorbefunde, sondern setze kritisch seine allgemeinärztlichen Kenntnisse ein, damit z.B. bei Kopfschmerz eine Meningoenzephalitis ausgeschlossen wird. Unter Einhaltung dieser unerläßlichen Bedingung werden gerade Schmerzpatienten besonders dankbar sein.

So begleiteten wir terminal erkrankte, längst auf Morphium eingestellte Karzinompatienten bis zum Lebensende, das sie nun mit längeren schmerzfreien bzw. -armen Intervallen bei vollem Bewußtsein (nach Entlassung aus der stationären Behandlung und Ordnung ihrer persönlichen Angelegenheiten) im Familienkreis ereilte.

Gute Erfolge sahen wir auch bei Kreuzschmerzen (21), bei denen noch immer zu häufig nur durch die rein somatisch-orthopädisch-neurologische Diagnostikbrille geschaut wird. Andererseits wird alles, was nicht in ein nosologisches Schema paßt, zu früh als «psychogen» abgetan. Wir mußten aber selber erleben, wie ein solcher «psychogener» Patient sehr gut auf Hypnose und diverse Plazebogaben reagierte und schließlich doch an einem lange nicht erkannten Plasmocytom mit Metastasen in der LWS recht schnell verstarb!

Ausgesprochen dankbar zeigten sich Patienten mit z.T. jahrzehntelangem Phantomschmerz, die bereits die verschiedensten nichtärztlichen Heiler aufgesucht hatten. Hier konnten wir auch erfolgreich die von Kleinsorge und Klumbies inaugurierte Ablationshypnose einsetzen.

Die u.U. bis zum Suizid führenden Schmerzen einer Trigeminusneuralgie sollten vor einem operativen Eingriff unbedingt einem hypnotischen Behandlungsversuch unterzogen werden, ggf. in Kombination mit einer medikamentösen Therapie. Gut erinnerlich sind dem Autor seine lautstarken Ruhesuggestionen bei einem schwerhörigen, älteren

Patienten, der in den letzten 20 Jahren alle gängigen medikamentösen und operativen Maßnahmen erhalten hatte. Während des seinerzeitigen Beobachtungszeitraumes konnten die Carbamazepingaben deutlich gesenkt werden; der ständig latent suizidale Patient schöpfte neuen Lebensmut!

Nahezu schlagartige Erfolge sind bei den in der Gegenwart nicht so häufigen psychogenen Lähmungen (20) mittels Hypnose zu erzielen. Wichtig sind dabei natürlich katamnestische Untersuchungen und die Abklärung, ob es nicht nur zu einer Symptomverschiebung gekommen ist.

Längst nicht in ihren Möglichkeiten ausgeschöpft, z. T. von den Neurologen wohl aus Unkenntnis völlig ignoriert, sind die *Möglichkeiten in der Rehabilitation organisch Gelähmter.* Eine Ausnahme stellt der Nestor der österreichischen Rehabilitationsmedizin Barolin dar (2), der bei zentralen Lähmungen unterschiedlicher Genese bei zwei Drittel der Patienten einen deutlich positiven Effekt erzielte. Dies betraf besonders Tonus und Beweglichkeit auf dem organischen Sektor sowie Stimmung und Motivation auf psychischem Sektor. Kaum eine Besserung zeigte sich im Rahmen der Kraftleistung. Katamnestische Nachuntersuchungen bestätigten einen anhaltenden Erfolg weit über die Hypnosebehandlung hinaus. Aktuell sind erfolgversprechende Ergebnisse von Halama (9). Analoges gilt für periphere Lähmungen. – Bei Epilepsiepatienten erreichten wir mittels Hypnose, vermutlich über eine verbesserte Compliance, eine Anfallsminderung.

Ein- und Durchschlafstörungen

Schlafstörungen stellen bei Reha-Maßnahmen eines der am häufigsten geklagten Symptome bei ärztlichen Visiten, unabhängig vom Krankheitsgut, dar. In der Regel viel zu schnell werden Hypnotika verordnet. Wir versuchen möglichst in einem diagnostischen Einzelgespräch abzuklären, was hinter der Symptomatik steht.

Bei endogen depressiven Patienten ist meist eine länger anhaltende, genügend hoch dosierte, antidepressive medikamentöse Therapie nicht zu umgehen. Mit partiellem oder vollständigem Schlafentzug (der selbstverständlich überwacht werden muß) kann man neben der Schlafregulierung auch antidepressive Wirkungen erzielen. In der Regel empfehlen wir bei nicht depressiver Grundstimmung allgemeine und physikalische schlafanstoßende Maßnahmen, eventuell kombiniert mit Phytopharmaka.

Hypnose setzten wir mit unterschiedlichem Erfolg ein; dabei sollte man nur ausnahmsweise Schlaf direkt suggerieren. Mehrfach bewährt haben sich posthypnotische Verknüpfungen aus dem persönlichen abendlichen Ins-Bett-Geh-Ritus.

Wiederholt sind wir über das Symptom «Schlafstörung» auf unbearbeitete Psychotraumata gestoßen, die erfolgreich sowohl in Hypnose als auch im Wachzustand aufgearbeitet wurden. Damit verschwanden die Schlafstörungen auch dauerhaft.

Häufig genügen Indifferenzformeln wie «Schlaf ist gleichgültig, mein Körper holt sich seinen Schlaf.» Der unerfahrene Therapeut sollte sich aber nicht gleich an «paradoxe Intentionen» (i.S. von V.E. Frankl) heranwagen; das hieße, der Patient sollte – über posthypnotische Suggestionen – versuchen, wach zu bleiben, um schließlich doch erquickend zu schlafen. Auch bei Durchschlafstörungen bewähren sich Indifferenz- und positiv gefärbte Suggestionen.

Auch Appel (1) weist auf die Kombinationsfähigkeit von physikalischen Maßnahmen mit Hypnose hin. So könnten die Patienten *besonders in der Rehabilitation geistige und seelische Quellen* nutzen.

In der Rehabilitation läßt sich die Hypnose auch bei *Residuen nach sogenannten psychosomatischen Erkrankungen* gut nutzen. Die Entstehung und Aufrechterhaltung psychosomatischer Erkrankungen kann vorwiegend körperlich, überwiegend seelisch und durch spezifische Verhaltensmodalitäten des Patienten bedingt sein. Im somatischen Bereich bewirkt das physiologische, trophotrope Reaktionsmuster nach Hypnose eine Reduktion physiologischer Faktoren, die eine psychosomatische Krankheit aufrecht erhalten bzw. zu ihr geführt haben. Im psychologischen Gefüge kann in Hypnose die Korrektur von pathogenem Selbstbild und negativen Erlebnis- bzw. Sichtweisen erfolgen. Bezüglich der Verhaltensmodalitäten werden in Hypnose initiative Ansätze oder Impulse bzw. angemessene Bewältigungsstrategien für belastende Situationen eingeübt (4).

Kontraindikationen für die Hypnosetherapie sehen wir analog zu Jovanovic (14) bei querulatorischen und paranoiden Persönlichkeiten. Skeptisch sind wir auch immer bei besonders ausgeprägtem Hypnosewunsch. Die Behandlung wenig suggestibler Persönlichkeiten (etwa 10% der Normalpopulation) dürfte sich schon aus Zeitgründen verbieten. Durch Suggestibilitätstests sind sie zu eleminieren. Bei eindeutig psychotischen und debilen Patienten nehmen wir von dieser Behandlungsform grundsätzlich Abstand!

Autogenes Training (AT) – Selbsthypnose

Aus pragmatischen und *Ablösegründen* führen wir alle unsere Hypnosepatienten in das AT ein, *damit ihnen auch nach der stationären Rehabilitation in der heimatlichen Umgebung eine Hilfe zur Verfügung steht.* Darüber hinaus sehen wir es aber wie Iversen, langjähriger Vorsitzender der Deutschen Gesellschaft für Ärztliche Hypnose und Autogenes Training sowie einer der wenigen noch aktiven Schüler von J.H. Schultz als «Basispsychotherapeutikum». Generell sollte das Konzept des Autogenen Trainings als therapeutischer Denkansatz in der psychosomatischen Medizin gelten (12).

Den Patienten empfehlen wir als Begleitlektüre das in 14 (!) Auflagen erschienene, preisgünstige Werk von Mensen (29). Selbst bei ärztlichen Kollegen meinen wir, schon wiederholt bemerkt zu haben, daß ihnen die Originalquelle (27) nicht zugänglich war. Die zwischenzeitlich reichlich erschienene Sekundärliteratur ist recht unterschiedlicher Güte.

Schlafstörungen

Fast die Hälfte aller Interessenten an einem AT-Kurs begründen ihre Teilnahme mit Schlafstörungen. Im *Rehabereich* bieten sich *Kombinationen von AT mit der Kneipp-Physiotherapie* an und werden weithin akzeptiert:

Kneipp-Physiotherapie und AT sind gleichermaßen geräteunabhängige, nebenwirkungsarme und kostensparende «physiologisch-rationale Naturheil- und Ganzheitsverfahren» im klassischen Sinne. Sie haben eine große präventive, rehabilitative und therapeutische Breite und bieten im Alltag wie in schwierigen Lebenslagen oft Hilfen zur Selbsthilfe (Selbstbehandlung nach ärztlicher Anleitung, «Selfgovernment»). Beide sind mehr *hygio*genetisch als *patho*genetisch orientiert und regen im beseelten Organismus Selbstheilungs- und Selbstordnungsprozesse an. Beide haben pädagogischen Charakter (Mündigkeitstraining, Änderung des Lebensstils). Ihre weitgehend gleichen Indikationen erstrecken sich in Prävention und Rehabilitation vor allem auf zivilisationsbedingte Störungen und Mißbefindlichkeiten, zu denen nicht zuletzt viele Schlafstörungen gehören.

Nach systematischen Kurbefragungen erfreuen sich Kneippanwendungen und AT neben dem ärztlichen Gespräch der größten Beliebtheit. Dieser Umstand kommt einer entsprechenden Kombinationsbehandlung von Schlafstörungen zugute (25).

Aus persönlichen Erfahrungen halten wir auch die weitere Kombination mit Phytopharmaka (z.B. Baldrian, Hopfen, Melisse) sowie Tees und Säften für sinnvoll. Bei leichter depressiver Komponente ist durchaus auch an den Einsatz von Johanniskraut-Präparaten zu denken.

Die Stirnkühleübung des AT soll vor dem Einschlafen entfallen, während sie vor dem Aufstehen und besonders nach einem Kurzschlaf sehr erfrischend ist.

Kopfschmerz

Der Begründer (27) selbst weist schon darauf hin, daß die für Kopfschmerztherapie so wichtige Stirnkühleübung vielen Patienten bereits in der Darstellung Schwierigkeiten bereitet. In solchen Fällen empfiehlt er, einen leichten Kühlreiz, etwa mittels Kölnischwasser, vorauszuschicken. Häufig scheint diese

Übung zunächst auch nur im Liegen zu gelingen; sie kann anfänglich zur Symptomverstärkung führen. Dann empfiehlt es sich, die Übung nur einschleichend zu beginnen. Vor dem Einstellen eines intensiven Kälteerlebnisses ist zu warnen! Bei einzelnen Patienten kann statt der Stirnkühle erfolgreich sein: Schulternackenfeld angenehm warm.

Immer wieder wird trotz der anerkannten Vorteile dieser Methode auf die hohe Abbrecherquote von 15% und mehr hingewiesen, obwohl die genannten Autoren gerade beim Kopfschmerz die größten Besserungsraten erzielten (5).

Garcia (8) wies gute Heilungschancen mit Hilfe eines multifaktoriellen Therapiekonzepts auch bei Langzeitanamnesen nach, wobei dem Autogenen Training von den Patienten der größte Wert beigemessen wurde. An kritischen Stimmen zum Einsatz des Autogenen Trainings bei der Kopfschmerztherapie seien Bergmann (3), Hoppe (11) und Vaitl (28) vermerkt. Prägnant zur Thematik mit weiteren umfassenden praktischen Hinweisen referiert König (17).

Psychotherapie/Psychosomatik

Die Wirkungsweise der Hypnose (und Selbsthypnose = Autogenes Training) kann sicher auch mit der eines Katalysators verglichen werden; dazu regte besonders nachdrücklich Iversen an. Für ein mehr indirektes Vorgehen bietet sich die Grundstufe des AT als katalytisch wirksam (13) an: das gilt besonders für die Übungen I und II (Schwere und Wärme).

Ein partiell direkter Ansatz bietet sich mit intensiviertem und ausgebautem AT durch die Übungen III (Herz) und IV (Atmung) – mit ausgeprägt passivierender Wirkung – und V an, ggf. auch mit anderen Psychotherapie-Konzepten. Ein mehr fokussierter, direkter Ansatz von katalytischer Psychotherapie kann sowohl mit sorgfältig erarbeiteten Vorsatzformeln in der Grundstufe des AT – wie mit dessen Oberstufe – und mit anderen imaginativen Verfahren geboten werden. Erwägenswert ist die Ergänzung durch eine tiefenpsychologisch fundierte Psychotherapie!

Zusammenfassung

Bei chronisch kranken und behinderten Patienten, also den zu rehabilitierenden, ist ganz sicher ein großer Bedarf an Psychotherapie gegeben. Dies wird in den Rehabilitationseinrichtungen noch zu wenig berücksichtigt. Psychotherapeutisch qualifizierte Ärzte fühlen sich allerdings weithin auch noch nicht für organisch erkrankte Patienten zuständig, auf dem leidigen Mißverständnis fußend, daß Psychotherapie nur für psychogene Störungen geeignet sei. Deshalb sei noch einmal auf die Definition unseres Altmeisters J.H. Schultz verwiesen, daß Psychotherapie eine Therapie mit psychischen Mitteln ist, die auf den ganzen Menschen mit seinen psychogenen und somatogenen Störungen gerichtet ist.

Dem Hypnoid ist eine zentrale Rolle in der Wirkung psychotherapeutischer Maßnahmen zuzuschreiben, so bietet sich die Hypnose als eine der ältesten Psychotherapiemethoden in der Rehabilitation an. Das aus der Hypnose entwickelte AT sollte als «Basispsychotherapeutikum» und genereller therapeutischer Denkansatz in der Psychosomatik gelten.

Literatur

Ambrose, G., and G. Newbold: A handbook of medical hypnosis: 3rd ed. Baillière, Tindall and Cassell, London 1968.

Baudoin, Ch.: Suggestion und Autosuggestion. Sibyllen-Verlag, Dresden 1924–1925.

Bernheim, H.: Die Suggestion und ihre Heilwirkung (Übersetzung von S. Freud). Deuticke, Leipzig/Wien 1888.

Bernheim, H.: Automatisme et suggestion. Alcan, Paris 1917.

Binder, H.: Suggestive Schlaftherapie. Einschlafhilfe durch Hypnose. Ein Kurs mit Schallplatte. Lehmann, München 1975.

Bleuler, E.: Zur Psychologie der Hypnose. Münch. med. Wschr. 36, 76 (1889).

Walter Bongartz: Hypnosis: 175 Years after Mesmer. Universitätsverlag Konstanz, 1992.

Braid, J.: Neurypnology or the rationale of nervous sleep considered in relation with animal magnetism. Churchill, London 1843.

Braid, J.: Über den Hypnotismus; in W. Th. Preyer «Die Entdeckung des Hypnotismus». Paetel, Berlin 1881.

Breuer, J., und S. Freud: Über den psychischen Mechanismus hysterischer Phänomene. Neurol. Zbl. p. 4, 43 (1893); in S. Freud «Gesammelte Schriften», vol. I., pp. 7–24. Int. Psychoanalyt. Verlag, Leipzig/Wien/Zürich 1925.

Breuer, J., und S. Freud: Studien über Hysterie, 1. u. 2. Aufl. Deuticke, Leipzig/Wien 1895 u. 1909.

Brenman, M., and M. M. Gill: Hypnotherapy. A survey of the literature. International University Press, New York 1947.

Brodmann, K.: Zur Methodik der hypnotischen Behandlung. Z. Hypnotismus 6, 1–10, 193–214 (1897); 7, 1–35, 228–246, 266–284 (1898); 10, 314–379 (1902).

Carus, C. C.: Über Lebensmagnetismus und die magische Wirkung überhaupt. Brockhaus, Leipzig 1857.

Charcot, J. M.: Poliklinische Vorträge (Übersetzung von S. Freud), p. 377. Deuticke, Leipzig/Wien 1889.

Chertok, L., und D. Langen (eds.): Psychosomatik der Geburtshilfe. Hippokrates, Stuttgart 1968.

Chertok, L. (ed.): Psychophysiological mechanisms of hypnosis. An international Symposium, Springer, Berlin 1969.

Chertok, L.: Hypnose, Theorie, Praxis und Technik. R. F. Keller, Genf 1970 (Kinder «Geist und Psyche» Tb 2102, München 1973).

Coué, E.: Die Selbstbemeisterung durch bewußte Autosuggestion. Schwabe, Basel 1966.

Dessoir, M.: Bibliographie des modernen Hypnotismus. Dunker, Berlin 1888 und 1890 (I. Nachtrag).

Dogs, W.: Befreite Seele. Die ärztliche Hypnose, 4. Braun, Duisburg 1980.

Erikson, M. H.: Advanced techniques of hypnosis and therapy. Grune & Stratton, New York 1967.

Ferenczi, S.: Introjektion und Übertragung. Eine psychoanalytische Studie. 1. Die Introjektion in der Neurose. 2. Die Rolle der Übertragung bei der Hypnose und Suggestion, Deuticke, Wien 1910.

Freud, S.: Ein Fall von hypnotischer Heilung nebst Bemerkungen über die Entstehung hypnotischer Symptome durch den «Gegenwillen». Z. Hypnotismus 1, 102–107, 123–129 (1893).

Freud, S.: Hypnotismus und Suggestion. Wien, med. Bl. 40, 1189, 1226 (1888).

Friedländer, A.A.: Die Hypnose und Hypnonarkose. Enke, Stuttgart 1920.

Forel, A.: Der Hypnotismus oder die Suggestion und die Psychotherapie. Ihre psychologische, psychophysiologische und medizinische Bedeutung mit Einschluß der Psychoanalyse sowie der Telepathiefrage; 1.–12. Aufl. Enke, Stutgart 1889–1923.

Fromm, E. and R.E. Shor (eds.): Hypnosis. Research developments an perspectives. Elek (scientific books), London 1973.

Gill, M.M. and M. Brenman: Hypnosis and related states. International Universities Press, New York 1959.

Hammerschlag, H.E.: Hypnose und Verbrechen, Reinhardt, München/Basel 1954.

Hartland, J.: Medical and dental hypnosis; 2nd ed. Baillière Tindall, London 1973.

Heyer, G.R.: Hypnose und Hypnotherapie; in K. Birnbaum (ed.) «Die psychischen Heilmethoden», pp. 73–135. Thieme, Leipzig 1927.

Hilgard, E.R.: Hypnotic susceptibility. Harcourt, Brace & World, New York 1965.

Hilgard, J.R.: Personality and hypnosis. A study of imaginative involvement. University of Chicago Press, Chicago 1970.

Hirschlaff, L.: Hypnotismus und Suggestivtherapie; 4. Aufl. Barth, Leipzig 1928.

Hull, C.L.: Hypnotism and suggestibility. Experimental approach. The Century Psychology Series. Appleton, New York 1933.

Jacobson, E.: Progressive relaxation. University of Chicago Press, Chicago 1938.

Janet, P.: La médicine psychologique. Flammarion, Paris 1923.

Joire, P.: Handbuch des Hypnotismus. Seine Anwendung in Medizin, Erziehung und Psychologie; 1. u. 2. Aufl. (deutsch von O. v. Boltenstern). Marcus, Berlin 1908.

Katzenstein, A. (ed.): Hypnose. Aktuelle Probleme in Theorie, Experiment und Klinik, VEB Fischer, Jena 1971.

Kauffmann, M.: Suggestion und Hypnose; 2. Aufl. Springer, Berlin 1923.

Kleinsorge, H., und G. Klumbies: Technik der Hypnose für Ärzte (mit Schallplatte); 3. Aufl. VEB Fischer, Jena 1969.

Kleinsorge, H.: Selbstentspannung und gezieltes Organtraining; 8. Aufl. G. Fischer, Stuttgart 1991.

Kline, M.V., c.s.: The annual review of hypnosis literature; vol. I. u. II. Woodrow Press, New York 1953.

Kline, M.V.: Freud and hypnosis. The interaction of psychodynamics and hypnosis, Julian Press, New York 1958.

Kline, M.V.: Clinical correlations of experimental hypnosis. Thomas, Springfield 1963.

Klumbies, G.: Ablationshypnose. Z. Psychother. med. Psychol. 2, 221–229 (1952).

Krafft-Ebing, R. v.: Hypnotische Experimente; 1.–4. Aufl. Enke, Stuttgart 1893–1926.

Krapf, G.: Hypnose, Autogenes Training, katathymes Bilderleben; in «Die Psychologie des 20. Jahrhunderts», vol. III (ed. D. Eicke), pp. 1174–1196, Kindler, Zürich 1977.

Kretschmer, E.: Psychotherapeutische Studien. Thieme, Stuttgart 1949.

Kretschmer, E.: Gestufte Aktivhypnose. Zweigleisige Standardmethode; in V.E.-Frankl, V.E. Freiherr v. Gebsattel, J.H. Schultz «Hb. d. Neurosenlehre u. Psychotherapie», vol. IV, pp. 130–141. Urban & Schwarzenberg, München/Berlin 1959.

Kretschmer, E.: Medizinische Psychologie, 1.–13. Aufl. Thieme, Leipzig/Stuttgart 1922–1971.

Langen, D.: Die gestufte Aktivhypnose; 5. Aufl. Thieme, Stuttgart 1979.

Langen, D., und Th. Spoerri: Hypnose und Schmerz. Die hypnosuggestive Analgesie. Karger, Basel/New York 1968.

Langen, D. (ed.): Der Weg des autogenen Trainings. Wege der Forschung, vol. CIII. Wissenschaftliche Buchgesellschaft, Darmstadt 1968.

Langen, D.: Psychodiagnostik, Psychotherapie; 1.–4. Aufl. Thieme, Stuttgart 1969–1978.

Langen, D. (ed.): Hypnose und autogenes Training in der psychosomatischen Medizin. Hippokrates, Stuttgart 1971.

Langen, D. (ed.): Hypnose und psychosomatische Medizin. Hippokrates, Stuttgart 1972.

Langen, D.: Kompendium der medizinischen Hypnose; 3. Aufl. von B. Stokvis «Hypnose in der ärztlichen Praxis». Karger, Basel/München/Paris/London/New York/Sydney 1972.

Langen, D. (ed.): Bibliographie deutschsprachiger Veröffentlichungen über Hypnose, Autogenes Training und andere Versenkungsmethoden 1890–1969. Hippokrates, Stuttgart 1974.

Lassner, J. (ed.): Hypnosis in anaesthesiology. An international symposium. Held at the first European Congress of the world Federation of Societies of Anaesthesiologists, Vienna/Austria 1962. Springer, Berlin/Heidelberg/New York 1964.

Lassner, J. (ed.): Hypnosis in psychosomatic medicine. Proceedings of the International Congress for Hypnosis and Psychosomatic Medicine, Paris (France) 1965, Springer, Berlin/Heidelberg/New York 1967.

LeCron, L. M.: Fremdhypnose, Selbsthypnose; 2. Aufl. Keller, Genf 1974.

Leslie M. LeCron: Fremdhypnose, Selbsthypnose Praktische Anleitungen für das tägliche Leben. Ariston Verlag, Genf 1975.

Leuner, H., und E. Schroeter: Indikationen und spezifische Applikationen der Hypnosebehandlung. Huber, Bern/Stuttgart/Wien 1975.

Levy-Suhl, M.: Die hypnotische Heilweise und ihre Technik. Enke, Stuttgart 1922.

Liébeault, A. A.: Über den Schlaf und ähnliche Zustände. Deuticke, Wien 1892.

Löwenfeld, L.: Hypnotismus und Medizin. Bergmann, München/Wiesbaden 1922.

Lohmann, R.: Suggestive und übende Verfahren; in Th. v. Uexküll (ed.) «Lehrbuch der psychosomatischen Medizin». Urban & Schwarzenberg, München/Berlin 1979 (im Druck).

Lombroso, C.: Hypnotische und spiritistische Forschungen (deutsch von C. Grundy). Hoffmann, Stuttgart 1910.

Lukas, K. H.: Die psychologische Geburtserleichterung; 3. Aufl. Schattauer, Stuttgart 1976.

Luthe, W. (ed.): Autogenes Training. Correlationes psychosomaticae, Thieme, Stuttgart 1965.

Luthe, W. (ed.): Autogenic therapy; vol. I–VI. Grune & Stratton, New York/London 1969–1973.

Mangold, E.: Methodik der Versuche über tierische Hypnose; in E. Abderhalden «Hb. biolog. Arbeitsmethoden», Sect. VI. C. pp. 369–378. Urban & Schwarzenberg, Berlin 1928.

Mayer, L.: Die Technik der Hypnose; 8. Aufl. Lehmann, München 1980.

Mayer, L.: Das Verbrechen in Hypnose und seine Aufklärungsmethoden. Lehmann, München 1937.

Meares, A.: A system of medical hypnosis; 4th ed. Julian Press, New York 1972.

Mesmer, F.A.: Mémoire sur la découverte du magnetisme animal. Didot, Genéve/Paris 1779.

Moll, A.: Hypnotismus. 1.–4. Aufl. Kornfeld, Berlin 1905–1924.

Moreno, J.L., and Enneis: Hypnodrama and psychodrama. Bacon House, London 1950.

Orne, M.T.: Antisocial behavior and hypnosis. Problems of control and validation in empirical studies; in G.H. Eastbrooks (ed.) «Hypnosis. Current problems», pp. 137–192. Harper & Row, New York 1962.

Orne, M.T.: Hypnotically induced hallucinations; in L.J. West (ed.) «Hallucinations», pp. 211–219. Grune & Stratton, New York 1962.

Pawlow, I. P.: Sämtliche Werke, vol. I–VI. Akademie-Verlag, Berlin 1953–1954.

Polzien, P.: Über die Physiologie des hypnotischen Zustandes als eine exakte Grundlage für die Neurosenlehre. Karger, Basel 1959.

Preyer, W.Th.: Der Hypnotismus. Urban & Schwarzenberg, Wien/Leipzig 1890.

Prill, H. J.: Geburt in Hypnose. Anaesthesist 12, 87–90 (1963).

Read, G.D.: Childbirth without fear; 5th ed. Heinemann, New York 1968.

Revenstorf, Dirk: Klinische Hypnose. Springer-Verlag Berlin – Heidelberg 1990.

Rhodes, R.H.: Hypnosis: Theorie, practice and application. Ciatadel Press, New York 1950.

Rhodes, R.H.: Curative hypnosis. Elek (scientific books), London 1952.

Rosen, G.: History of medical hypnosis; in J.M. Schneck «Hypnosis in modern medicine», pp. 3–28. Thomas, Springfield 1953.

Rosen, H.: Hypnotherapy; in M.V. Kline «Annual review of hypnosis literature», p. VII. Woodrow Press, New York 1953.

Salter, A.: What is hypnosis? (deutsch: Eigenhypnose – Fremdhypnose). Athenaeum Press, London 1950 (deutsch: O.W. Barth, München-Planegg 1954).

Speyer, N., und B. Stokvis: Über die subjektiven Phänomene in der Hypnose: Psychiat.-neurol. Bl. Nr. 5, 805 (1936), Nr. 1, 49 (1937).

Schäfgen, E.: Hypnosetherapie. Leitfaden für die ärztliche Weiterbildung. Deutscher Ärzte-Verlag Köln 1992.

Schaetzing, E.: Die Hypnosetechnik für Ärzte (mit Schallplatte). Lehmann, München 1964.

Schaetzing, E.: Die Hypnose in der Gynäkologie. Psychother. Psychosom. 14, 437 bis 439 (1966).

Schilder, P.: Das Wesen der Hypnose. Springer, Berlin 1922.

Schilder, P. und O. Kauders: Lehrbuch der Hypnose. Springer, Berlin 1926.

Schmitz, K.: Was ist – was kann – was nützt Hypnose? Lehmann, München 1951 (Kindler TB 2007/2008), München 1964.

Schmitz, K.: Hypnose-Therapie. Leitfaden mit Schallplatte. Lehmann, München 1960.

Schneck, J.M.: Hypnosis in modern medicine. Thomas, Springfield 1953.

Schultz, J.H.: Hypnotherapie; in H. Vogt «Hb. d. Therapie der Geisteskrankheiten», vol. 1, pp. 128–183. G. Fischer, Jena 1916.

Schultz, J.H.: Die seelische Krankenbehandlung; 1.–8. Aufl. G. Fischer, Jena–Stuttgart 1919–1963.

Schultz, J.H.: Über Schichtenbildung im hypnotischen Selbstbeobachten. Mschr. Psychiat. Neurol. 49, 137–143 (1921).

Schultz, J.H.: Gesundheitsschädigungen nach Hypnose, 1.–2. Aufl. Marhold, Halle/Saale-Berlin 1922–1954.

Schultz, J.H.: Das Autogene Training; 19. Aufl. 1991 Thieme, Leipzig–Stuttgart 1932–1976.

Schultz, J.H.: Übungsheft für das Autogene Training; 22. Aufl. 1989 Thieme, Leipzig––Stuttgart 1935–1977.

Schultz, J.H.: Psychotherapie. Leben und Werk großer Ärzte. Hippokrates, Marquardt & Cie., Stuttgart 1952.

Schultz, J.H.: Arzt und Neurose, 2. Aufl. Thieme, Stuttgart 1953.

Schultz, J.H.: Das Autogene Training; in V.E. Frankl, V.E. Freiherr v. Gebsattel, J.H. Schultz «Hb. d. Neurosenlehre u. Psychotherapie», vol. IV, pp. 153–210. Urban & Schwarzenberg, München/Berlin 1959.

Stocksmeier, Uwe: Lehrbuch der Hypnose. 4. Auflage 1984. S. Karger, Basel (Schweiz).

Stokvis, B.: Hypnose in der ärztlichen Praxis. Karger, Basel/New York 1955.

Stokvis, B.: Hypnose, Suggestion, Entspannungstherapie; in E. Stern (ed.) «Die Psychotherapie in der Gegenwart», vol. II, pp. 143–184. Rascher, Zürich 1958.

Stokvis, B.: Suggestion; in V.E. Frankl, V.E. Freiherr v. Gebsattel, J.H. Schultz «Hb. d. Neurosenlehre u. Psychotherapie», vol. IV. pp. 1–59. Urban & Schwarzenberg, München/Berlin 1959.

Stokvis, B.: Allgemeine Überlegungen zur Hypnose; in V.E. Frankl, V.E. Freiherr v. Gebsattel, J.H. Schultz «Hb. d. Neurosenlehre u. Psychotherapie», vol. IV, pp. 72–171, Urban & Schwarzenberg, München/Berlin 1959.

Stokvis, B. und M. Pflanz: Suggestion in ihrer relativen Begrifflichkeit, medizinisch und sozial-psychologisch betrachtet. Hippokrates, Stuttgart 1961.

Stokvis, B. und D. Langen: Lehrbuch der Hypnose; 2. Aufl. von B. Stokvis «Hypnose in der ärztlichen Praxis». Karger, Basel/New York 1965.

Stokvis, B. und E. Wiesenhütter: Der Mensch in der Entspannung; 3. Aufl. Hippokrates, Stuttgart 1971.

Trömner, E.: Hypnotismus und Suggestion; 4. Aufl. Teubner, Leipzig 1922.

Völgyesi, F.: Menschen- und Tierhypnose. Mit Berücksichtigung der Stammes- und Einzelentwicklung des Gehirns; 2. Aufl. unter Mitarbeit des Verf. neu bearb. von G. Klumbies. Orell Füssli, Zürich 1963.

Völgyesi, F.: Hypnose bei Mensch und Tier; 2. Aufl. Bearb. u. mit einem Beitr. von G. Klumbies. VEB Hirzel, Leipzig 1967.

Vogt, O.: Zur Kenntnis des Wesens und der psychologischen Bedeutung des Hypnotismus. Z. Hypnotismus 3, 277–340 (1895), 4, 32, 122, 229 (1899).

Vogt, O.: Die direkte psychologische Experimentalmethode in hypnotischen Bewußtseinszuständen. Barth, Leipzig 1897.

Wagner-Jauregg, J. v.: Telepathie und Hypnose im Verbrechen. Verlag der Gerichtssaalreferenten der Wiener Tagespresse, Wien 1919.

Wallnöfer, H.: Seele ohne Angst. Hypnose, Autogenes Training, Entspannung; 2. Aufl. Hoffmann u. Campe, Hamburg 1969.

Weitzenhoffer, A.M.: Hypnotism. An objective study in suggestibility. J. Wiley, New York 1953.

Weitzenhoffer, A.M.: General techniques of hypnotism. Grune & Stratton, New York 1957.

Weitzenhoffer, A.M. und E.R. Hilgard: Standford hypnotic susceptibility scale. Consulting Psychologists Press, Palo Alto 1959.

Wetterstrand, O.G.: Hypnotismus. Urban & Schwarzenberg, Berlin 1891.

Wolberg, L.R.: Hypnoanalysis; 2nd ed. Grune & Stratton, New York 1945.

Wundt, W.: Hypnotismus und Suggestion. 1.–2. Aufl. Engelmann, Leipzig 1892 und Kröner, Leipzig 1911.

Literatur zum Beitrag W. R. Krause

1 Appel, P. R.: Performance Enchancement in Physical Medicine and Rehabilitation.
American Journal of Clinical Hypnosis.
35 (1992) 1–19.

2 Barolin, G.S.: Das Hypnoid in der Behandlung organischer Leiden und Krankheiten, insbesondere in der Neuro-Rehabilitation in Gerber, G. und F. Sedlak: Autogenes Training mehr als Entspannung.
Ernst-Reinhardt-Verlag, München.
1990. S. 36–58.

3 Bergmann, C.: Der psychosomatische Kopfschmerz.
Studie zur Psychotherapie unter Berücksichtigung des AT.
Med. Diss. Berlin/W. 1984.

4 Bongarth, W.: Hypnose in der Psychosomatischen Medizin.
Praxis der Psychotherapie und Psychosomatik.
33 (1988) 173–182.

5 Büchler, K.E. und R. Biesenecker-Fjorness:
Behandlungsergebnisse im AT.
Deutsches Ärzteblatt 83 (1986) 2679–2684.

6 Chertok, L.: Hypnose. Kindler-Verlag München 1980.

7 Erickson, M.H. und E.L.Rossi: Hypnotherapie.
Pfeiffer München 1981.

8 Garcia, J. u. K. Haberer: Therapie bei chronischem Kopfschmerz.
Ärztliche Praxis 30 (1978) 1614–1616.

9 Halama, P.: Hypnose in der Behandlung von Apoplektikern.
Heilkunst – im Druck.

10 Hoppe, F.: Direkte und indirekte Beeinflussung chronischer Schmerzen.
Peter Lang. Frankfurt 1986.

11 Hoppe, K.: Autogene Migränekupierung.
Psychother., Psychosomatische und medizinische Psychologie 1
(1956) 114–120.

12 Iversen, G.: Geleitwort in Binder, H. u. K. Binder:
Autogenes Training, Basispsychotherapeutikum.
Deutscher Ärzteverlag Köln 1989.
Zur Mobilisierung seelischer Selbstheilungskräfte durch das katalytische Prinzip –
am Beispiel des autogenen Trainings, München 1992.

13 Iversen, G.: AT – Musterbeispiel einer organismischen Psychotherapie.
2. Allg. Med. 68 (1992) 145–147.

14 Jovanovič, K.J.: Methodik und Theorie der Hypnose.
Gustav Fischer Verlag Stuttgart. New York. 1988.

15 Katzenstein, A.: Suggestion und Hypnose in der psychotherapeutischen Praxis.
VEB Gustav Fischer Verlag Jena 1978.

16 Kleinsorge, H.: Hypnose. Gustav Fischer Verlag. Stuttgart. New York 1986.

17 König, W. et. al.: Autogenes Training.
VEB Gustav Fischer Verlag, Jena 1979.

18 Kossak, H.-C.: Hypnose.
Psychologie Verlags Union 1989.

19 Krause, W.-R.: Hypnose – Scharlatanerie oder medizinische Behandlungsmaß-
nahme?
Heilberufe 38 (1986) 350–351.
20 Krause, W.-R.: Hypnose bei einer psychogenen Lähmung.
Video. Blankenburg 1991.
21 Krause, W.-R.: Hypnose auch bei Kreuzschmerz?
Der Allgemeinarzt 17 (1991) 1403–1404.
22 Krause, W.-R. und W. Schupp: Gesetzliche Grundlagen der Rehabilitation.
Heilberufe 44 (1992) 418–419.
23 Leuner, H. und E. Schroeter: Indikationen und spezifische Applikationen der Hypnosebehandlung.
Verlag Hans Huber Bern, Stuttgart, Wien 1975.
24 Mensen, H.: Das Autogene Training.
Wilhelm Goldmann Verlag. München 1991.
25 Mensen, H.: Schlafstörungen: Kurbehandlung mit Kneipp-Physiotherapie und AT
Heilbad und Kurort 44 (237–243).
26 Revenstorf, D.: Klinische Hypnose.
Springer-Verlag. Berlin. Heidelberg. New York 1990.
27 Schultz, J.H.: Das autogene Training.
Thieme. Stuttgart. 1987.
28 Vaitl, D.: Entspannungstechniken. In Pongratz L. J.:
Klinische Psychologie 2. Halbband.
Hogrefe, Göttingen 1987.

Register

SEMPER BONIS ARTIBUS

GUSTAV FISCHER

Preisänderungen vorbehalten

Janssen/Schneider
Diagnostik in Psychotherapie und Psychosomatik
1994. Etwa 280 S., 25 Abb., 30 Tab., kt. etwa DM 58,–

Laux
Pharmakopsychiatrie
1992. X, 368 S., 41 Abb., 54 Tab., kt. DM 48,–

Häfner/Hennerici
Psychische Krankheiten und Hirnfunktion im Alter
1992. XVI, 205 S., 44 Abb., 29 Tab., kt. DM 79,–

Cyran/Halhuber
Erotik und Sexualität im Alter
1992. X, 103 S., kt. DM 19,80

Aresin
Sexualberatung durch den Hausarzt
1992. X, 208 S., 20 Abb., kt. DM 29,80

Lüer
Allgemeine Experimentelle Psychologie
Eine Einführung in die methodischen Grundlagen mit praktischen Übungen für das Experimentelle Praktikum
1987. XIV, 478 S., 28 Abb., geb. DM 78,–   UTB Große Reihe

Fischer
Psychologie in der Sprechstunde
2. Aufl. 1993. 318 S., 4 Abb., 18 Tab., geb. DM 78,–

Retzer
Familie und Psychose
Zum Zusammenhang von Familieninteraktion und Psychopathologie bei schizophrenen, schizoaffektiven und manisch-depressiven Psychosen
1994. Etwa 312 S., 22 Abb., 82 Tab., kt. etwa DM 68,–

SEMPER BONIS ARTIBUS

GUSTAV FISCHER

Preisänderungen vorbehalten